KB130344

운 좋은
대통령을
뽑자

운 좋은 대통령을 뽑자

초판 1쇄 발행 2023년 4월 5일

지 은 이 畏天
발 행 인 권선복
편   집 권보송
전 자 책 서보미
발 행 처 도서출판 행복에너지
출판등록 제315-2011-000035호
주   소 (157-010) 서울특별시 강서구 화곡로 232
전   화 0505-613-6133
팩   스 0303-0799-1560
홈페이지 www.happybook.or.kr
이 메 일 ksbdata@daum.net

값 20,000원
ISBN 979-11-92486-66-6 03340

도서출판 행복에너지는 독자 여러분의 아이디어와 원고 투고를 기다립니다. 책으로 만들기를 원하는 콘텐츠가 있으신 분은 이메일이나 홈페이지를 통해 간단한 기획서와 기획의도, 연락처 등을 보내주십시오. 행복에너지의 문은 언제나 활짝 열려 있습니다.

하늘의 뜻을 알고
하늘의 때를 얻고
하늘의 도움을 받는 자

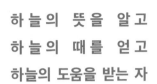

운 좋은
대통령을
뽑자

畏天 지음

도서
출판 행복에너지

· · 편의상 경어를 쓰지 않았으니 양해 바랍니다.

세종대왕 통치의 뿌리요 줄기인 서경書經과 논어論語!

동서양을 통틀어
자기 개발과 리더십의 으뜸 가르침인 이 두 명저들이

요즘은 봉건사상 정도로 홀대받거나
구시대의 유물 정도로 취급받고 있으니
통탄할 일이다!

읽어보지 않으니 참 리더십을 알 수 없고

경제는 일류인데 정치는 삼류!

추천하는 글

친구 따라 강남 간다는 말처럼 친구가 책을 내게 됨에 뜻하지 않게 책을 추천하는 글을 쓰게 되었습니다. 저자는 저의 오랜 동료요 벗입니다. 화랑대 학창시절부터이니 얼추 50년이 넘었습니다. 이미 교육과 신앙 관련 두 권의 가작佳作을 펴내고 강의도 열심히 하던 그가 이번에 통치자의 리더십과 관련한 유익하고도 독창적인 책을 펴냈습니다.

저자의 말처럼 이 시대를 사는 대한민국 국민이라면 우리나라가 선진국이 되는 것을 마다할 사람이 없고, 우리나라가 진정한 선진국이 되려면 정치 선진화를 이루는 것이 꼭 필요하다는 사실을 부인할 사람도 없으며, 또한 정치 선진화를 이루기 위해서는 훌륭한 통치자가 필요하다는 사실을 부정할 사람도 없을 것입니다.

그렇다면 과연 훌륭한 통치자는 어떤 사람일까요? 각자의 생각에 따라 다양한 견해가 있을 것입니다만, 뭐니 뭐니 해도 '운 좋은 사람이 제일이다'라는 것이 저자의 생각인데, 이 책의 압권이라 할 수 있는 제7장 〈목계지덕의 참 교훈〉에 보면 운 좋은 통치자란 '하늘의 뜻을 알고, 하늘의 때를 얻고, 하늘의 도움을 받는 사람'이라고 밝히고 있습니다.

나아가 통치자가 운이 좋으려면 즉, 천명天命을 알고 천시天時를 얻고 천우天佑를 받으려면 어떻게 해야 하는지, 저자는 그 해답을 인문학의 고전인 서경과 논어에 담긴 주옥같은 문장들을 적절히 인용해가며 설파함과 아울러 이 나라의 미흡한 정치에 대한 해법까지도 나름 지혜롭게 제시하고 있습니다.

돌이켜보면 대한민국의 정치사는 다른 말로 말해 '대통령의 수난사'라고 할 수도 있을 것입니다. 총 열두 분의 대통령 중에 절반이 넘는 일곱 분의 대통령이 말로가 좋지 않았습니다. 저자는 그 이유를 하늘을 두려워하지 않았기 때문이라는 독특한 견해를 피력하고 있는데 문득 얼마 전 퇴임한 중국의 지도자 리커창의 말이 떠오릅니다.

'人在做天在看(사람이 하는 일을 하늘이 보고 있다)' 4차 산업혁명의 시대에 하늘이라니 운이라니 하고 생각하시는 독자들도 계실 수 있겠지만, 동양고전에 천착해온 저자로서는 이 나라가 선진국이 되려면 다른 무엇보다도 통치자의 덕성과 아울러 백성의 품격이 중요하다는 점을 강조한 것으로 혜량하시고 일독하신다면 매우 유익할 것입니다. 아무튼 이 책이 대한민국의 선진화에 크게 기여하기를 기대해 봅니다.

저자의 오랜 벗   전 국방부 장관 한 민 구

머리말

대한민국은 선진국인가?

2023년을 살아가고 있는 대한민국 국민 중 많은 사람들이 이 물음에 선뜻 답하지 못하고 주저하는 이유는 무엇 때문일까?

'우리나라는 경제는 선진국이지만 정치는 후진국이다.'라는 말에 공감하는 분들이 많으리라 본다. 우리나라를 정치·경제·사회·문화로 나눠 볼 때 경제나 문화는 선진국 수준에 올랐지만 정치나 사회는 아직 미치지 못한 것 같다. 그렇다면 이 두 분야를 어떻게든 끌어 올려서 선진국에 진입시켜야 하는데 정치권에 계신 분들은 권력 다툼 외엔 여념이 없으신 중이라 그래서 이 책을 쓴다!

정치란 무엇인가? 정치政治는 바른 것이 아니라 正하게 바루는 것을 뜻한다. 세상은 위가 위요 아래가 아래지만, 정치란 바를 정正(下+上) 자처럼 위가 아래로 가고 아래가 위로 가게 바루는 것이다.

시대를 불문하고 올바른 정치란 부요한 사람들이 가난한 사람들에게 베풀며, 배운 사람들이 못 배운 사람들을 무시하지 않게 하며, 힘 있는 사람들이 힘없는 사람들을 도와주게 하는 것! 이것이 곧 바루는 것이요 이것이 곧 우리 민족의 자랑 희대의 명군 세종대왕께서 일찍이 시범한 왕도정치가 아닌가.

> 너희 중에 누구든지 크고자 하는 자는
> 너희를 섬기는 자가 되고
> 너희 중에 누구든지 으뜸이 되고자 하는 자는
> 너희의 종이 되어야 하리라

역사를 돌이켜 보면 물질문명이 낙후되었던 서양이 동양을 앞지르던 16세기 무렵, 이 시기에 동양을 대표하는 중국(4대 발명품인 종이, 화약, 인쇄술, 나침반을 모두 독자 개발)의 명나라가 성리학에 빠져 하늘의 도리(理)와 인간의 본성(性)을 탐구하는 형이상학에 몰두해 있을 때, 서양의 유럽에서는 인본주의 시대가 열리고 망원경과 현미경이 발명되면서 우주와 자연과 인체를 관찰 연구하는 학문이 새롭게 발전하여 그 결과 과학문명의 비약적 발달을 이루게 된다.

이제 18세기, 과학에 있어서 중국을 추월한 서양은 증기기관과 방적기를 발명하여 산업혁명을 이루고, 이로 인해 동양을 넘어서는 부와 힘을 거머쥐고, 19세기 후반에 이르러 드디어 서세동점西勢東漸한 것이다.

그 후 20세기에 들어서면서 서양의 신생국 미국이 실용주의 사상에 입각한 자본주의 시장경제체제를 구축함으로써 급기야 세계를 지배하게 되지만, 그러나 시간이 지나면서 인간이 아니라 돈이 주인이 된 자본주의 물질문명은 오히려 인간의 자유를 묶는 족쇄가 되고, 급기야 그들이 구축한 물질적 풍요는 인간을 자유롭게 하기는커녕 비인간화와 비이성화를 초래하였고, 자유를 넘어 방임에 가까운 극단적 개인주의는 쾌락과 탐욕을 추구하는 풍조를 낳아 가정은 파괴되고 사회는 무한경쟁의 정글 내지는 사막화됨으로써, 어느새 미국은 변호사와 정신과 의사 없이는 유지하기 힘든 나라가 된 것 같다.

　이제 폭력과 섹스 없이는 영화조차 제대로 못 만드는 미국, 이 미국에 동화되어 간 유럽, 그들이 사람 냄새가 물씬 풍기는 정과 흥과 한을 버무린 한류에 열광하는 이유가 여기에 있다고 본다.

　그렇다면 이제 21세기는 과연 어떻게 전개될까? 서양의 물질문명이 임계점에 이르고 동양의 정신문화가 절실히 요구되는 시대, 바야흐로 대한민국이 인도의 시성 타고르가 일찍이 예언한 대로 '동방의 등불'이 되어야 할 때가 아닐까? 서양의 과학을 성공적으로 수용 발전시킨 자랑스러운 나라 대한민국이 이제 동양 정신문화의 정통인 유학의 가르침을 온고이지신溫故而知新하여 장차 인류의 나아갈 길을 선도해야 할 때가 되었다!

읽어 보면 알 수 있듯이 우리나라 정치를 초일류로 승화시킬 수 있는 가르침이 서경書經에 있고, 가정을 살려서 사회의 격조를 세계 최고의 수준으로 끌어올릴 수 있는 최상의 가르침이 논어論語에 있다. 우리나라? 이미 세종께서 즉위 년도인 1418년부터 이 두 책에 근거한 시인발정施仁發政의 왕도정치를 적극 실천하심으로써 태평성세를 열었고 이후 조선의 인구는 상당 기간 가파르게 증가한 역사를 간직한 나라이다.

이렇듯 한 나라의 흥망성쇠는 통치자가 누구며 그의 통치철학이 무엇이냐에 달려있다 해도 과언은 아닐 것이다. 그러므로 우리나라의 선진국 진입? 이제 대통령만 잘 뽑으면 된다. 대통령만 잘 하면 된다! 어떤 대통령을 뽑아야 하는지, 대통령의 운은 어떻게 해야 끝까지 좋게 유지되는지, 이 모든 가르침이 서경과 논어에 다 있다. 그래서 이 책을 썼다.

대한민국의 선진국 진입을 염원하는 마음을 담아.

2023년 04월 12일

리더십을 배우고, 리더로서 섬기고, 리더십을 가르쳐 온 외천畏天 씀

목차

운 좋은 대통령을 뽑자

통치자의 철학

최고의 리더 최상의 리더는 대통령이며
대통령의 리더십은 모든 리더십의 표준이다

고대로부터 근세에 이르기까지 동서양의 많은 나라들은 왕이 다스렸다. 王? 한자를 만든 사람이 누구인지 모르나 왕이라는 글자에 심오한 의미를 담아 놓았다. 한 나라의 통치자란 무엇이며 또 어떠해야 하는지를 담아 놓았다. 보다시피 이 王 자는 네 개의 일자 획으로 되어 있으며, 세로로 된 한 획이 위로부터 하늘과 사람과 땅을 뜻하는 가로 세 획들을 연결하고 있는 모양이다.

이는 한 나라의 통치자는 모름지기 하늘과 땅과 사람을 연결하여 일치, 조화시키는 책무를 지닌 사람이라는 뜻으로 풀이할 수 있는데 참으로 탁월한 통찰이요 놀라운 표현이다! 이 책의 리더십은 이 王 자를 만드신 분의 가르침에 근거한다.

역사상 최고의 왕王을 한 분 꼽으라면 누구를 꼽겠는가? 많은 분들이 주저 없이 '세종대왕 이도李祹'를 꼽는데 그렇다면 이분의 리더십은 과연 어디에서 나왔을까? 두말할 것도 없이 유학에서 비롯되었다. 세종께서는 일찍이 유학의 '사서삼경'에 통달하셨다 하니(대학연의는 무려 100회 이상 읽으심) 이 중에서도 특히 제왕학의 근간이 되는 서경과 논어가 해동요순으로 칭송받았던 이분의 드높은 통치철학과 리더십의 중심에 우뚝 서 있다고 해도 틀린 말은 아닐 것이다.

알다시피 삼경三經 중의 하나인 서경書經은 공자께서 자료를 모아 편찬한 고대 중국의 탁월한 리더들인 이제삼왕二帝三王, 즉 요임금과 순임금 그리고 하나라, 상나라, 주나라를 세운 개국 군주들과, 그들을 보좌한 현신賢臣들의 정사政事에 관한 기록들이다. 쉽게 말해서 통치술에 관한 기록이다. 또한 공자의 제자들이 편찬한 논어는 스승 공자의 어록을 모아서 엮은 책인데 그 핵심은 군자君子라는 이상적인 리더에 관한 가르침이다.

때문에 공자야말로 동서양을 불문하고 리더십의 원조元祖이며, 그분이 직접 편찬한 '서경'은 그분의 어록인 '논어'와 함께 리더십의 원전原典인 셈이다. 이 책들을 읽어보면 오늘날의 정치는 2500여 년 전의 이 가르침에서 단 한 발자국도 나가지 못하고 오히려 퇴보했음을 알 수 있다.

잘 알다시피 모택동 통치기간 중에 비림비공운동批林批孔運動을 펼쳐서 공자를 철저히 배척했던 중국도 지금은 그렇지 않다. 그 이유는 공자의 사상이 시대를 초월하는 탁월한 가르침을 담고 있기 때문일 것이다. 다음은 2013년 11월 12일, 중국 공산당 전체회의(전회)에서 시진핑 국가 주석이 행한 연설인데 이는 공자의 논어 계씨편의 가르침과 크게 다르지 않음을 알 수 있다.

"전회의 정신을 관철하기 위해 사회의 공평과 정의를 촉진하고 인민복지의 증진을 출발점이자 종착점으로 삼아야 한다. 경제발전을 이룬 뒤 공평성의 문제를 해결하겠다는 것이 아니라, 파이를 계속 확대함과 동시에 그것을 분배하는 일도 잘해야 한다."

不患寡而患不均 불환과이환불균
不患貧而患不安 불환빈이환불안
-논어 계씨편-

'재물이 적다고 걱정하지 말고 분배가 고르지 못한 것을 걱정하고, 가난을 걱정하기보다는 안정되지 못함을 걱정하라.' 정치의 요결이다! 이렇듯 시대를 관통하는 통치철학이 담겨있는 책이요 이 나라 삼류 정치를 일류로 만들어 줄 수 있는 책이며, 동서양을 통틀어 리더십의 으뜸 가르침이 담겨 있는 서경과 논어! 이 두 명저名著들이 요즘은 봉건사상 정도로 홀대받거나 구시대의 유물 정도로 취급받고 있는데 그 이유는 읽어 보지 않기 때문일 것이다. 한문이 어려워서, 중국의 사상이라고, 서양 사상이 더 좋은 줄 알아서, 재미없고 어렵게 가르쳐서, 그래서 읽지 않으니 이 책을 썼다.

> 나라의 주인은 누구인가?
>
> 주 문왕 "어떻게 하면 천하 백성의 민심을 얻을 수 있겠소이까?"
>
> 강태공 왈 "천하는 군주의 것이 아니라 만백성의 것입니다"
> "백성과 같이 천하의 이익을 나누는 군주는
> 백성을 따르게 할 수 있습니다."

"천하는 군주의 것이 아니라 만백성의 것입니다." 무려 3000년 전에 주 문왕과 함께 주나라를 세운 강태공 강상姜尙의 생각이었다. 서양사의 중심인 유럽이 생성되지도 않았던 아득한 시절에 동양 중국의 통치자들의 생각이 이러했다는 것이 놀랍지 않은가?

많은 중국의 고전들 중에서도 특히 서경과 논어는 서양의 그 어떤 리더십 관련 서적보다 훌륭한 리더십의 정수精髓를 담고 있는 책이다. 서양인들에 비해 보다 감성적인 우리네 동양인들, 더욱이 머리가 아니라 먼저 가슴을 울려야 하는 우리민족에게 적합한 통치철학과 리더십이 이 두 책에 다 들어 있으니 리더가 되고 싶은 사람들은 꼭 한 번 읽어 보길 권한다.

이제 공자에 대한 대중의 오해를 한 가지 바로잡고 이 장을 마치려 한다. 공자가 성인聖人인가? 아니다! 우리와 똑같은 사람일 뿐이다. 더구나 그는 서출庶出이었다. 사마천이 쓴 사기史記에 보면 공자는 아버지인 숙량흘이 칠공주를 넘어 내리 딸 아홉을 낳은 후 대를 꼭 이어야겠다는 일념에 60이 넘은 나이에 무녀의 딸로 알려진 10대 처녀 안징제와 정식 혼례가 아닌 야합野合을 해서 힘들게 얻은 아들이라고 한다. 아래의 두 실화는 유교가 마치 사이비 종교의 교주인양 분장扮裝한 공자의 엄숙한 모습이 아니라 보다 인간미 넘치는 생생한 민낯이 잘 드러난 일화이기에 소개한다. 먼저 공자孔子가 송나라 환퇴의 난을 피해 정鄭나라에 갔을 때 일이다.

어쩌다 제자들과 떨어진 채 혼자 성곽 동문에 피신해 있었다. 제자들이 스승을 수소문하며 찾는 중 한 행인이 자공子貢에게 말했다.

"아까 제가 동문에 서 있는 사람을 보았는데, 그 이마가 요임금을 닮았고, 그 목은 고요와 같으며, 그 어깨는 정나라 재상 자산을 닮았고, 허리 밑은 우임금보다 세 치쯤 모자랍니다. 그런데 그 지친 모습이 마치 상갓집 개(喪家之狗) 같습디다." 급히 동문으로 찾아간 자공이 행인에게 들은 대로 전하니까 공자가 크게 웃으시면서 말하기를

"내 모습에 대한 설명은 내 모르겠으나
상갓집 개라니, 과연 그렇구나 과연 그래! 하 하 하"
孔子 欣然而歎曰 形狀未也, 如喪家之狗. 然乎哉! 然乎哉!

다음은 논어 선진편에 나오는 이야기다. 어느 날 공자가 몇몇 제자들과 모여 앉은 자리에서 제자들에게 각자의 포부가 무엇인지 기탄없이 말해보라고 명했다. 그러자 먼저 두 제자가 똑같이 높은 벼슬을 하는 것이라고 말한다. 이를 가만히 듣고만 있는 증점이란 나이든 제자에게 공자가 묻는다.

"증점아 네 포부는 무엇이냐?" 증점이 이른다. "늦은 봄에 봄옷을 만들어 입고, 어른 대여섯 명, 아이들 예닐곱 명과 함께 기수沂水에서 목욕하고 무우舞雩에서 바람을 쐬고 노래하며 돌아오겠습니다." 그 말을 들은 제자들은 순간 스승에게 호된 꾸지람을 들을 것이라고 생각 했는데 공자는 무릎을 탁 치면서 "좋구나! 나도 점이 따라가야지!"라고 하셨다.

왕이 베푸는 五福

'치아가 오복의 하나다.'라고 흔히 말하는데 정작 오복과 그 출전을 아는 사람은 드물다.

五福 一日壽 二日富 三日康寧 四日攸好德 五日考終命

오복 일왈수 이왈부 삼왈강녕 사왈유호덕 오왈고종명

오복의 출전은 서경 주서 홍범편이다. 흔히들 오복 하면 하늘이 준 복이나 타고 난 운 정도로 알고 있으나 홍범편에서 말하는 오복은 왕이 통치를 잘함으로써 백성에게 주는 복을 말한다. 왕王이란 하늘의 뜻을 받들고 땅의 준칙을 바로 지켜 통치를 잘함으로써 백성들에게 다섯 가지 복을 베풀어야 한다는 가르침이다.

첫째는 백성들이 장수하게 함이요

둘째는 백성들을 부하게 함이며

셋째는 백성들을 건강하고 평안하게 함이고

넷째는 백성들이 덕을 베풀기를 좋아하게 함이고

끝으로 백성들이 수명을 다 누리고 편히 가게 함이다.

단, 마지막 고종명考終命은 많은 학자들이 편안한 죽음으로 해석했으나 문자 그대로 풀자면 '백성들이 죽을 때를 생각하며 살게 하다'이다.

홍범편에서는 이 오복이 통치자의 중요 평가 항목이라고 가르치고 있다.

22

02

통치자의 운運

공자 왈 군자가 두려워할 것이 세 가지가 있다
천명天命과 대인大人과 성인聖人이다

대통령은 어떤 사람을 뽑아야 좋을까? 우리는 먼저 당黨을 보고 또한 경력도 보고 능력도 보고 출신지역도 본다. 그렇다면 이렇게 따지고 뽑는 것이 과연 옳을까? 최선일까? 여기서 잠시 서경에 나오는 요 임금의 후계자 선정 과정을 살펴본다면 보다 좋은 답을 얻을 수 있을 것 같다. 이 훌륭한 고전의 기록을 읽으며 4000여년 전으로 시간 여행을 떠나보자.

첫째: 효도하는 사람을 찾았다.

어느 날 요임금이 나이가 많게 되자 후계자를 택하시기 위해 신하들에게 묻습니다. "시대에 맞는 자로 누굴 등용할까요?" "맏아들 단주께서 개방적이고 명철합니다." "허허! 어리석고 말다툼만 좋아하는데 쓸 수 있나요?"

'어리석고 말다툼만 좋아하는데' 이 말씀은 맏아들이 부모효도 형제우애 하지 않는 불효자라는 말을 차마 못 하시고 에둘러 하신 말씀이다. 자식으로서 제일 어리석은 짓은 부모에게 불효하는 것이다.

둘째: 하늘을 두려워하는 사람을 찾았다.

며칠 후 요임금이 재차 묻습니다. "나의 대업을 좇아 이룰 사람이 과연 누굴까요?" "공공이 여론을 잘 모아 공을 이룹니다." "그가 말은 참 잘하나 써보면 말과 다르지요. 어디 그뿐인가요? 겉보기에는 공손하나 하늘을 업신여기지요"

듣기 좋은 말을 잘하는 사람 중에는 정직하지 못한 사람들이 많으며 정직하지 못한 사람들은 대부분 소인들로 하늘을 업신여기고 두려워하지 않는다.

셋째: 두루 화목하게 지내는 사람을 찾았다.

모두가 말했다 "아! 곤입니다." 요임금 왈 "틀렸어요! 그는 명을 어기고 혈족의 화목도 허무는 자지요." "물리시더라도 한번 써보고 물리심이 어떠한지요." 그러자 요임금은 곤에게 치수 즉, 홍수의 방지와 이로 인한 피해를 복구하는 책무를 맡기고 9년의 시간을 주었으나 곤은 별 성과를 올리지 못하고 말았다.

이번에는 신하들이 합의해서 추천한 곤鯤에 대하여 요임금은 독단적이고 혈족과도 화목하지 못하는 인물이라 평하며 물리치려 한다. 그러나 신하들의 강요에 못 이겨 장장 9년을 써 보지만 결과는 요임금이 보신 대로 좋지 않았다.

넷째: 명철하되 겸손한 사람을 찾았다.

"첩의 자식이라도 좋고 비천한 가문이라도 괜찮으니 밝은 덕성을 지닌 사람을 드러내 주세요."(曰 明明 揚側陋 왈 명명 양측루)

어느덧 재위 70년. 더 이상 기다릴 수 없게 된 요임금은 신하들에게 다시 당부한다. 첩의 자식이라도 좋다? 비천한 가문(흙수저) 출신이라도 괜찮다? 부모로 인한 여러 가지 악조건들을 넘은 사람은 의지가 굳고 명철한 사람일 가능성이 높다. 위에 밑줄 친 명명明明 중에 앞의 明은 드러내다는 뜻이고 뒤의 明은 밝은 덕성(明德)을 뜻한다고 한다. 밝은 덕성은 지혜를 낳고 지혜로운 사람은 사리에 밝고 지혜로운 사람은 대부분 겸손하다. 짐 콜린스를 아는가? 경영철학자요 베스트셀러 작가이기도 한 그가 미국의 유수한 기업 수백 개를 조사한 결과 내린 결론을 보자.

위대한 리더? 겸손한 사람!

미국 Forbes가 1917년 선정한 최고의 기업 100개 중 아직까지 100위 안에 든 위대한 기업은 단 1개, GE에 불과하다. 그렇다면 좋은 회사를 위대한 회사로 발전시키는 원동력은 무엇인가? 콜린스가 얻은 결론은 바로 리더십이다. 그가 선정한 위대한 기업 11개 회사 모두가 기업의 성과를 획기적으로 개선시키고 이를 유지시킨 리더를 갖고 있었던 것이다.

그런데 재미있는 것은 이들의 공통되는 성향이다.
첫째가 겸손함 (Humility)
둘째는 끊임없는 의문 (Doubt)
셋째는 추진력 (Drive)

콜린스는 위대한 기업을 일군 위대한 리더(Level 5)는 단순히 좋은 리더(Level 4)와 달리 매우 겸손했다고 말한다.

여기서 잠시 요임금과 비교되는 조선의 후계자 선정 사례를 볼 텐데 하나는 실패한 사례요 하나는 성공한 사례이다.

〈실패 사례〉

이성계가 후계자를 세우고자 할 때 여러 공신들을 불러 놓고 묻다가 명신明臣 조준에게 물으니 그가 답한다. "세상이 태평하면 적장자를 먼저 하고 어지러우면 공功이 있는 이를 먼저 하오니, 세 번을 생각하소서." 이는 왕자 이방원을 염두에 둔 말이었다. 그러나 사사로운 정 때문에 잠시 암군暗君이 된 태조는 계비 강씨의 어린 아들 방석을 세자로 앉혀 결국은 피를 부르고 여러 아들을 잃고 만다.

〈성공 사례〉

태종 18년에 태종은 세자인 장남 양녕을 폐하고 대신 셋째 아들 효녕 이도를 후사로 삼겠다고 명나라에 주청하였다. 세자 제褆는 불초한데, 셋째 아들 도祹는 효성스럽고 우애가 있으며 학문에 힘써서 나라 사람들의 촉망을 받고 있다는 이유였다.

후계자를 뽑는 것은 이렇듯 매우 중요하다. 패션의 마무리가 구두라면 리더의 마무리는 후계자이다. 다시 요임금 이야기로 돌아가서 그렇다면 요임금은 왜 孝·義·禮·智의 덕목을 보고 후계자로 뽑고자 했을까? 아마도 이런 사람이 된 사람이요 장차 하늘이 돕는 운 좋은 사람일 가능성이 크기 때문일 것이다.

위 네 가지 중에서 대통령의 운運과 가장 밀접한 것을 하나만 든다면 어떤 것일까? 하늘을 두려워하는 의義 곧 정직이 아닐까? 정직이 얼마나 중요한 덕목인지는 서경 주서 홍범편을 보면 알 수 있다. 여기에서 보면 삼덕三德, 즉 왕이 갖춰야 할 세 가지 덕목 중 첫째로 꼽은 것이 정직이다. 참으로 놀라운 사상이 아닌가. 반면 오늘날 우리는 이 정직이란 덕목을 너무 가볍게 여기는 것 같다. 거짓말을 밥 먹듯 하는데도 내 편이면 마냥 좋아한다.

三德 一曰正直 二曰剛克 三曰柔克
삼덕 일왈정직 이왈강극 삼왈유극

-서경 주서 홍범편-

(왕의) 삼덕은 첫째는 정직, 둘째는 굳셈, 셋째는 부드러움이다

왕이 갖춰야 할 많은 덕목 중에서 왜 정직을 첫 번째 덕목으로 꼽았을까? 그 이유는 왕이 정직해야 잘 들을 수 있기 때문이다. 잘 듣는 것을 경청이라 한다. 이 '傾聽', 경청이란 한자를 풀어서 보면 듣는데 있어서 정직이 왜 중요한지를 알 수 있다. 경傾은 기울여서 들으라는 것이고 청聽은 귀로 듣되 정직한 마음(悳=直+心)으로 들으라는 것이다. 하늘의 소리든 백성의 소리든 정직한 마음이 없으면 들어도 왜곡해서 듣게 되고 헛듣게 된다. 때문에 정직이 제일 앞선 덕목이 되는 것이다. 왕은 총명聰明해야 한다. 그런데 총명의 총聰 자도 귀 이耳 즉 듣는 것에서 출발한다. 모든 리더들은 듣는 것이 얼마나 중요한 것인

지를 꼭 알아야 한다.

논어 계씨편에 '小人(소인) 不知天命而不畏也(부지천명이불외야)'
란 가르침이 있듯이 소인은 천명을 알지 못하며 두려워하지도 않는
데 귀가 어둡기 때문이다. 어디 그뿐인가, 소인은 대인의 말도 안 듣
고 성인의 말씀조차 거부하기 일쑤다. 이러면 실패하기 십상이다! 지
위가 아무리 높아도 하늘의 아래요, 능력이 아무리 좋아도 공경할 대
인이 있으며, 학식이 아무리 많아도 여쭤야 할 성인이 있는 법이다.
하늘을 두려워한 통치자로서 미국 국민들이 가장 존경한다는 링컨
의 이야기로 이 장을 마무리한다.

미국의 남북전쟁이 한창일 무렵 링컨의 부하가 묻습니다. "각
하 남군의 리 장군도 하나님께 승리하게 해 달라고 기도하시고,
또 북군의 각하께서도 하나님께 승리하게 해 달라고 기도하시는
데 과연 하나님은 누구 편을 들어주실까요?" 링컨 대통령이 대답
합니다. "하나님은 어느 편도 아닙니다. 중요한 것은 내가 하나님
편인가 입니다!"

하늘을 두려워하지 않는 대통령? 운이 나쁠 가능성이 매우 높다!

효치孝治

나라의 운을 좋게 바꾸려면

건강한 가정을 많이 만들자! 효자가 많은 가정을 만들자!

어쩌다 이 나라가 이리도 흉흉하게 되었는가?

나라 대통령도 학교 스승도 동네 어른도 공경하지 않는다!

子曰 夫孝 天之經 地之義 民之行 天地之經而民是則之

자왈 부효 천지경 지지의 민지행 천지지경이민시측지

則天之明 因地之義 以順天下 是以其敎 不肅而成 其政 不嚴而治

측천지명 인지지의 이순천하 시이기교 불숙이성 기정 불엄이치

–효경–

대저 효란 하늘의 도리요 땅의 법도며 백성이 행할 바이다. 이는 하늘과 땅의 떳떳한 것을 백성들이 본받는 것이니 하늘의 밝음을 본받고 땅의 옳음을 쫓아 이것으로 천하를 순하게 하는 것이다.

이로 인해 그 가름침은 엄숙하지 않고서도 이루어지며

그 정사는 모질지 않고서도 다스려지는 것이다.

03
하늘이 내시는 나라님

재능만으로는 안 된다! 위대한 재능을 갖고도 성공 못 한 사람은 많다
천재성으로도 안 된다! 성공 못 한 천재는 웃음거리만 될 뿐이다
교육만으로도 안 된다! 세상은 교육받은 낙오자로 넘치고 있다

-미 30대 대통령 켈빈 쿨리지-

앞서 우리는 요임금의 후계자 선정 과정을 알아보았다. 그렇다면 대통령을 뽑는 데도 효자요, 하늘을 두려워하는 사람이요, 두루 화목하게 하는 사람이며, 아주 겸손한 사람(智)을 뽑아야 할까? 허면 왜 이런 사람을 뽑아야 할까? 이런 사람이 참 바른 사람이요 운이 좋을 가능성이 아주 높은 사람이기 때문이다.

그렇다면 요임금의 후계자 선발은 과연 어떻게 끝이 났을까? 이 흥미로운 이야기는 우순虞舜(후일 순임금)이란 사람을 후계자로 정하며 해피엔딩으로 끝을 맺는다. 요임금은 효자요 정직하며 세평世評이 좋은 우순에게 먼저 자신의 두 딸을 시집보내서 제가齊家를 살핀 후 이어 행정, 교육, 외교 등을 두루 관장하게 함으로써 그의 지혜와 능력도 꼼꼼히 살핀다.

그런 다음 최종적으로 병사들과 함께 그를 큰 숲속으로 몰아넣어 시험하는데 그 결과 우순은 사나운 바람과 뇌우에도 방향을 잃지 않았다고 한다. 이는 요임금께서 마지막으로 우순이 과연 하늘이 돕는 사람인지 아닌지, 말하자면 천운天運이 좋은 사람인지 아닌지를 알아보았다는 의미이다.

결국 요임금은 하늘이 택한 사람을 기다리셨던 것이다.

우리 속담에 '나라님은 하늘이 내신다.'는 말이 있는데 옛날의 왕들은 그랬을지 모르지만 오늘날의 대통령은 아니지, 혹시 이렇게 생각하는 독자들도 있을 것이다. 또한 왕은 그렇다 쳐도 대통령은 선거로 뽑으니까 하늘이 내는 게 아니라 백성이 내는 거 아니야? 라고 생각하는 사람도 있을 것이다. 그래서 '민심은 천심이다'라는 말도 있는 것 아닐까?

天視自我民視 天聽自我民聽
천시자아민시 천청자아민청

-서경 주서 태서편-

하늘은 우리 민중이 보는 것을 통하여 보시고
하늘은 우리 민중이 듣는 것을 통하여 듣는다

이는 무려 3000년 전에 주나라 무왕이 한 말이다. 나라님이 되는 것은 예나 지금이나 언제나 변함없이 다 하늘의 뜻이다, 이렇게 생각하는 게 나라님에게도 백성에게도 모두 이롭다. 요임금은 이 점을 누구보다도 잘 아셨던 분이었기에 재덕이 겸전한 자를 찾고서도 후계자의 최종 선택을 하늘에 맡겼던 것으로 보인다.

〈운에 관한 일화〉
러일전쟁을 앞둔 무렵 일본 해군성 장관이
일본 연합함대의 사령관으로 도고 헤이하치로 중장을 임명했다.
일본 천황이 "이 중요한 자리에 왜 그 사람을 선택했는가?"라고 묻자
해군성 장관은 "그가 운이 가장 좋기 때문입니다."라고 답했다.

이제 이런 의문이 생긴다. 하늘이 내신다고? 무슨 소리야, 하늘이 낸다면 어떻게 저런 인물들이 대통령이 될 수 있어? 이렇게 즉각 반문하는 독자도 많겠지만, 이는 하늘이 백성이 어떠하냐에 따라서 좋은 분도 세우시고 나쁜 분도 세우신다는 것을 미처 생각하지 않았기

때문에 품는 오해이다. 하늘은 선한 사람도 쓰시고 때론 악한 사람도 선용善用하시며, 각 사람의 단점보다는 장점을 주로 보고 쓰시는 것 같다. 아무튼 나라님은 잘하든 못하든 모두가 하늘이 세우신 분들이 다. 그러니 뽑을 때 잘 뽑고 뽑았으면 반드시 그에 따르는 책임을 져야 한다! 좋든 싫든 임기 중에는 믿고 맡기고 참고 존중해야 한다. 내가 안 뽑았는데? 이는 민주주의 나라에서 사는 시민이 할 소리는 아니다. 그를 뽑은 다수의 국민들을 존중해야 하기 때문이다.

'너는 재판장을 모독하지 말며 백성의 지도자를 저주하지 말지니라.'

〈출애굽기 22:28〉

그래서 성경에 이런 말씀이 있는 것 아닐까? 혹 대통령답지 않은 분이 세워졌다면 그분을 탓하기 전에 하늘이 왜 저런 대통령을 세우셨는지를 생각해 보고 백성인 나를 먼저 돌아보고 반성하는 것이 현명한 처사일 것이다. 왜냐하면 하늘은 백성들이 미뻐서 복 주시고자 할 때에는 좋은 대통령을 내시고 백성들이 미워서 징계를 하시고자 할 때에는 나쁜 대통령을 내시기 때문이다.

그런즉 대통령 탓보다 내 탓이 먼저다. 우리가 그를 대통령으로 뽑을 때 그가 요임금처럼 사람을 잘 볼 줄 아는 사람인지 그가 순임금처럼 사람을 잘 쓰는 사람인지를 세심히 살피지 않고 뽑았기 때문이다. 뽑은 백성의 책임이 더 큰 것이다. 문득 김수환 추기경의 경구

가 생각난다. '내 탓이오'

아무튼 왕이든 대통령이든 하늘이 내기에 자기 맘대로 통치해서
는 결코 안 된다! 서경 주서 태서상편에 보면 주나라의 무왕武王은 유
기극상상제 총수사방惟其克相上帝 寵綏四方이라 일렀다. 이를 해석한
즉, 오로지 왕은 하늘을 극진히 도와서 온 세상을 사랑하고 편안히
해야 한다는 말이다. 통치는 하늘을 돕는 것이라는 사상이 매우 놀랍
지 않은가?

문제는 대통령 중에서 올바른 백성들의 정당한 기대와는 달리 고
집을 부리며 제 맘대로 통치하시는 분들이 자주 출현한다는 데 있다.
이분들의 공통점은 하늘이 세우신 것이라는 사실을 잊었거나 모르
거나 둘 중 하나일 가능성이 크다. 문제는 이런 분들일수록 하늘을
두려워하지 않으므로 재임 시는 물론 그 끝도 천운이 좋지 않게 될
확률이 높다는 것이다.

〈독일 총리의 취임 선서문〉
나는 독일 인민의 안녕 및 복리 증진, 그리고
이를 해하는 것들을 막는 데에 전력을 다하고,
기본법 및 연방법을 준수하고 수호하며,
직무를 성실하게 수행하고
모두를 공평하게 대할 것을 엄숙히 선서합니다.

그러니 하나님, 저를 도우소서!

孔子 曰 畏天命!

하늘을 두려워하라! 이제 공자가 왜 이 말을 했는지 이해가 되지 않는가? 그렇다면 천운이란 과연 무엇일까? 어떤 사람이 좋은 천운을 얻을 수 있을까? 나아가 어떻게 해야 끝까지 좋은 천운을 유지할 수 있을까? 이것들이 궁금하다면 이 점에 대해서 일찍이 깨우친 공자를 찾아가서 여쭤보자.

대통령이 귀히 여겨야 할 偉人

마혁과시馬革裹屍

"대장부 변경의 들판에 싸우다가

말가죽으로 시체를 싸서

장사 지내 진다면 그것으로 족할 뿐이다."

–후한 마원 장군–

마혁과시! 위인偉人이란 말의 유래를 짐작하게 하는 사자성어이다. 이 위인이란 단어에 쓰는 위偉 자는 사람 인人과 가죽 위韋를 합친 글자다. 중국의 한漢나라 때는 장군이 싸움터에 나가 전사하면 그 시체를 말가죽에 싸서 후송했다고 한다.

이분들이 偉人

연평해전 6位

04
공자는 유교의 창시자가 아니다

<유학儒學이란>

儒 즉, 인간(人)에게 필수(需)적인 것을 배우고 가르치는 학문이다. 인간은 어떤 존재여야 하며, 어떻게 사는 것이 올바른 삶인가 하는 문제에 관심을 둔 학문이다. 이 유학의 창시자가 공자孔子이며 공자의 가르침을 계승하는 무리들을 유가儒家라 부른다. 공자는 仁, 즉 사람과 사람 사이의 관계를 표현하는 이 仁의 개념을 새롭게 정립함으로써 인간관계를 중심으로 한 수신·제가·치국의 방법론을 제시했으며 나아가 하늘과 땅과 사람을 하나로 일치, 조화시키는 가장 이상적인 관계(仁)의 리더 군자君子에 대한 이론을 새롭게 창출함으로써 인류 역사상 가장 탁월한 리더십을 정립한 리더십의 원조元祖이다

■ 공자, 죽여? 살려?

《공자가 죽어야 나라가 산다》이런 황당한 책 제목으로 한때 세간의 관심을 끌고 책장사를 한 ○○대학 김 모 교수! 이 책을 읽어보니이 사람은 공자의 유학儒學과 주희의 유교儒教를 혼동한 분이다. 조선은 공자의 유학이 아닌 형이상학적인 주희의 성리학(유교)에 몰두한 사대부士大夫들 때문에 기울어 진 것이다. 조선은 유학으로 세우고 유교로 기울어진 나라이며, 공자는 이 유교를 창시한 분이 결코 아니다! 그렇다면 공자란 과연 어떤 분일까?

첫째: 인문학의 창시자이다. 고대 중국의 탁월한 통치자들의 정사政事에 관한 기록인 서경을 편찬하고, 305편의 시를 골라서 시경을 엮었고, 주역을 해석하여 역경을 지었으며, 주나라 예법인 주례를 정리하고, 노나라 역사서인 춘추春秋를 편수한 분으로 알려져 있다. 말하자면 인문학(文·史·哲)을 인류 최초로 집대성한 분인데 이분을 죽여야 우리나라가 잘될까? 무지하고 무례하고 몰상식한 망언이다.

둘째: 왕도정치의 원조다. 고대로부터 내려온 중국의 통치 사상은크게 두 가지로 나눌 수 있다. 하나는 유가儒家에 의해 확립된 백성이주인인 왕도정치王道政治요 또 하나는 법가法家에 의해 주창되어 온 군주君主가 주인인 패도정치覇道政治이다.

子曰 道之以政 齊之以刑 民免而無恥

자왈 도지이정 제지이형 민면이무치

道之以德 齊之以禮 有恥且格

도지이덕 제지이례 유치차격

-논어 위정편-

공자 왈

정령으로써 인도하고 형벌로써 다스리면

백성이 처벌을 면하려고만 하고 부끄러워하지 않는다.

덕으로써 인도하고 예로써 가지런히 하면

부끄러움을 알고 격조 있게 될 것이다

　위는 왕도정치의 근본이 되는 덕치德治에 대한 가르침이다. 이는 통일신라로부터 고려와 조선으로 이어져 내려온 한국의 통치 사상이기도 했는데 공자를 죽인다면 우리에게 더 나은 통치 사상이 과연 있는가?

　유학 사상에서 이렇듯 정치사상이 중요한 비중을 차지하게 되는 것은, 본래 유학이 이상적인 정치인 지치至治를 실현한 옛 훌륭한 통치자들의 치도治道를 계승하는 데서 출발했기 때문이다. 따라서 왕도정치 사상은 비록 맹자에 의해 유교의 정치철학으로 정립되었지만, 한편에서는 요순 이래 하·은·주 3대의 지치를 계승한 것으로 구체적으로는 천명정치天命政治를 제시한 서경의 사상과 덕치주의를 제시한 공자의 사상에 그 기원을 두고 형성된 사상인 것이다.

이 왕도라는 말의 출전은 서경 홍범편에 있는 '치우침이 없고 공정하면 왕도가 광대하고, 공정하고 치우침이 없으면 왕도가 평이하며, 뒤집힘이 없고 기욺이 없으면 왕도가 정직하다.'라는 글이다. 여기서 왕도란 공평무사한 중용의 정치를 의미하는데 하늘의 뜻, 즉 천명天命을 인간이 대신해 구현한다는 천명정치사상이 그 근본이다.

한편, 공자의 정치사상은 이 천명사상에 근거한 덕치주의와 정명론正名論으로 집약될 수 있는데 덕치주의가 통치 방법에 있어 힘이나 강제에 의한 통치보다는 덕에 의한 자발적 감화를 중시한 것이라면, 정명론은 그 실천적 내용을 담고 있다. 이러한 공자의 덕치주의와 서경의 천명사상은 맹자에 의해 인정仁政으로 이어져 왕도정치 사상의 핵심적 정신으로 계승되어 온 것이다.

셋째: 만세사표萬歲師表다. 공자가 성인聖人인가? 긴 설명이 필요하지 않다. 유교가 만든 공자의 허상일 뿐이다. 인간은 누구도 거룩할 수 없다. 따라서 공자도 그렇고 인류 역사에 어느 누구도 사람은 성인이 될 수 없다. 왜냐하면 모든 인간은 성정性情이 같기 때문이다. 공자가 성인이라면 그 마누라가 갈라섰을까? 성인이란 단지 인간이 지향하는 이상理想일 뿐이다.

子 溫而厲 威而不猛 恭而安

자 온이려 위이불맹 공이안

-논어 술이편-

스승님은(공자) 따뜻하시나 엄하셨고

위엄이 있으시나 사납지 않으셨으며

공손하시나 편안하셨다

공자는 성인은 아니지만 시대를 초월한 인류의 스승이다. 만주족이 세운 청나라의 명군 강희제가 우러렀듯이 공자는 만세사표! 그래 이런 분을 죽여야 나라가 살아날까? 학교에는 숭고한 봉직자의 길은 마다하고 스스로 노동자의 길을 가시는 선생님들만 돋보여 가뜩이나 참 스승은 찾아보기 힘든 세상인데.

■유학과 유교의 차이

유학儒學이란 공자가 세운 경세제민의 학문이다. 공자는 춘추시대의 어지러운 사회를 바로잡으려고 14년을 주유천하 하면서 유세하였으나 뜻대로 되지 않자 고향으로 돌아와 육경六經을 편수 또는 편찬하여 가르치며 후세에 전했다. 훗날 맹자가 이를 통치 사상으로 정립하고 그 후학들(儒家)이 현실 정치에 적극 활용하게 되는 이 유학은 적어도 송宋나라 초기 이전까지는 종교가 아닌 순수한 수신제가 치국의 도리요 학문이었다.

반면 유교儒教는 형이상학적 철학인 성리학의 창시자인 송나라 때의 주희와 그 추종자들이 만든 종교다. 조선 중기 이후에 정치에 대거 참여하는 성리학자들을 일러 사대부士大夫라 하는데 이 사대부들이 조선 후기 당쟁의 주역이 되며, 이들이 공리공담과 나름 유교를 지킨다는 명분에서 다툰, 소위 말하는 사문난적斯文亂賊에 빠진 나머지 조선이 기울었다 함이 타당할 것이다.

다행히 논어에는 공자의 가르침이 종교가 아니었다는 것을 단적으로 증명하는 문장이 있어 소개한다.

> 夫子之言　性與天道　不可得而聞也
> 부자지언　성여천도　불가득이문야
>
> -논어 공야장편-

공자의 말씀에
본성과 천도에 대한 말씀은 들어서 얻은 바가 없다!

위에서 보는 바와 같이 논어 공야장편에서 수제자인 자공이 밝혀 놓았듯이 공자는 사람의 본성(性)이 선한지 악한지와 하늘의 창조 이치(理)가 무엇인지에 대해서 가르친 것이 없다. 불가지不可知! 인간은 결코 알 수 없기 때문일 것이다. 최고의 스승인 공자도 감히 건드리지 않은 성과 천도! 이것을 알아보겠다고 겁도 없이 건드렸으니 정호, 정이 형제와 주희는 공자에게 꾸지람 받고 출교당해야 마땅한 분들이 아닐까? 주희의 성리학이 얼마나 어설픈 철학인지를 제일 잘 깨우친 분이 바로 다산 정약용 선생님이다.

<성리학性理學>

북송의 정호는 천리天理를 논하였고 그 아우 정이는 성즉리性即理의 학설을 폈으며, 그 밖에 주돈이 등이 여러 학설을 편 것을 남송의 주희朱熹가 집성集成하여 철학의 체계를 세운 것이 주자학 즉 성리학이다. 성리학은 이理·기氣의 개념을 구사하면서 우주宇宙의 생성과 구조, 인간 심성心性의 구조, 사회에서의 인간의 자세 등에 관하여 깊이 사색함으로써 한·당의 훈고학이 다루지 못하였던 형이상학적·내성적·실천철학적인 여러 분야에서 새로운 유학사상을 수립하였다. 크게 나누어 태극설太極說, 이기설理氣說, 심성론心性論 등으로 구별할 수 있다.

예부터 종교가 논쟁하면 종파, 학문이 논쟁하면 학파, 정치가 논쟁하면 정파로 갈리게 되는데 이 정파가 이념으로 갈려 이전투구 하면 백성은 안중에도 없게 되고 나라는 기우는 법이다. 김 교수는 죽이려면 주희와 성리학과 유교를 죽이시기 바란다. 속히 주희에 가려진 공자님의 참모습을 되찾기를 바란다.

■ 유학이 봉건적인 낡은 사상?

《공자, 잠든 유럽을 깨우다》   저자 황태연

명예혁명 이후 유럽의 지식사회는 공자사상의 영향권으로 들어갔다. 당대 유럽 사상계의 파천황이었던 볼테르가 중국파의 대표적 인물이었다. 르네상스 당시 그리스철학이 번성했다면, 계몽주의 시대는 공자철학의 번성기였다. 볼테르는 《제국민의 도덕과 정신에 관한 평론》에서 '공자의 제자들은 사해가 다 동포임을 과시한다. 지구상에 존재한 적이 없는 가장 행복하고 가장 존경할 만한 시대는 바로 사람들이 공자의 도를 따르는 시대였다'고 말한다. 볼테르만이 아니었다. 다양한 사상가들이 중국을, 공자의 철학을 의식하며 자신의 사상을 구축해갔다. 당시 중국의 압도적 경제력·사상적 감화력이 없었다면 절대 나오지 않았을 표현이다.

유학은 시대를 관통해 오며 동서양으로 퍼진 유일한 수신제가치국의 정통 사상이다! 중국의 경우를 살펴보자.

기원전 2세기, 유가儒家의 사상가들을 기용해 덕치德治를 통치 이념으로 받아들인 사람은 일자무식이었던 한漢나라 태조 유방이었다. 그의 숙적 초패왕 항우는 진나라를 엎고 초나라를 세운 불세출의 영웅이었으나 그러나 이분은 아쉽게도 천하를 쟁취하는 전쟁 영웅이요 탁월한 군 통솔자였을 뿐이다. 손에 넣은 천하를 통치하는 철학도

부족했고 이를 깨우쳐 줄만한 신하도 이분에게는 없었던 것 같다.

반면 천민 출신이요 거리의 한량에 불과했던 유방은 어떠했나? 천하를 빼앗자마자 재빠르게 통치자로 변신한다. 그를 변신시킨 사람은 유가의 사상가들인데 그 대표적인 인물에 육가陸賈가 있었다. 황제가 된 유방이 신하 육가를 꾸짖다가 그의 반문에 말문을 닫고 마는 재미나는 일화가 있다.

육가는 일찍부터 유방과 함께한 인물인데 황제가 된 유방에게 유학의 경서들을 배우기를 권했고 또한 경서에 나오는 어려운 문장을 예로 들면서 자주 쓴 소리를 했다고 한다. 그런 육가가 고까워서인지 하루는 유방이 "나는 말 위에서 천하를 얻었는데 어찌 시경詩經과 서경書經이나 읽으며 편안히 지내겠느냐!(馬上得之 安事詩書)"하고 육가에게 버럭 소리를 쳤단다. 이에 육가는 기죽기는커녕 도리어 유방에게 대들며 "말 잔등에서 얻은 천하를 말 위에서 다스릴 수 있습니까?(居馬上得之 寧可以馬上治之乎)"라고 당차게 떠져 묻자 이에 유방이 말없이 고개를 끄떡이고 육가의 말에 수긍을 했다는 이야기다.

> **육가**陸賈
> 중국 전한前漢 시대 초나라 출신의 정치가. 한고조 유방劉邦을 섬기면서 항상 시경·서경을 진언하고 인의仁義의 정치를 시행할

것을 주장하였음. 그가 유방에게 올린 왕도정치를 존중하고 힘에 의한 패도정치를 배격하게 한 〈신어新語 23편〉의 이론적 근거가 춘추春秋와 논어論語였다고 함.

이후에도 유가의 학자들은 많은 왕들을 설득해서 안정된 왕도정치를 펼치게 하는데 왕조별로 차례로 살펴보면 다음과 같다.

기원후 7세기, 당나라 초기 정관지치貞觀之治라 일컫는 태평성대를 연 당태종 이세민에게는 유가儒家의 사상가 위징이 있었다. 패도정치를 주장하는 관롱집단關隴集團과 대치하여 홀로 당 태종에게 왕도정치를 건의하여 관철시킨 명신으로 그는 특히 공양전(춘추해석서)에 정통했다고 한다.

감히 간언했으며 능히 간언했고 훌륭히 간언했다!

위징魏徵

위징은 지금의 산동성 곡부인 제주 곡성曲城 출신으로 자는 현성玄成이다. 수나라 말기 이밀李密의 군대에 참가했으나 곧 이연에게 귀순해 이건성의 최측근이 되었다.

현무문의 난 당시 이세민의 지은至恩으로 목숨을 구한 것은 물론 간의대부諫議大夫에 발탁된 것을 계기로 정관지치의 구현에 결정적인 공헌을 했다. 사서 및 제왕학서인 〈군서치요群書治要〉 등의 편찬에 큰 공헌을 했다.

14세기, 명나라를 세운 주원장에게는 제갈공명을 능가한다는 평가를 받는 당대의 군사 전략가요 유학자인 유기劉基가 있었다. 명 태조 주원장도 유방과 비슷한 천민 출신이었지만 나라를 얻자 현신 유기를 중용해서 빠르게 통치자로 변신한다.

유기劉基

유기는 경사經史, 천문, 병법에 정통하였고, 주원장을 보좌하여 명明나라 개국에 큰 공헌을 하였다. 후인들은 그를 제갈량과 비교했고, 주원장도 여러 차례 그를 '나의 자방子房'이라고 칭찬했다.

18세기, 청나라는 비록 만주족이 세운 나라였지만 그들에게는 중국보다 더 나은 문화도 사상도 없었기 때문에 한족의 학자들을 애초부터 중용했다. 알다시피 기원후 약 2000년의 중국 역사에서 태평성대를 꼽으라면 단 두 시대를 꼽는데 하나는 당태종의 치세인 정관지치貞觀之治요 다른 하나는 청나라 4대째 황제였던 강희제康熙帝가 활짝 연 강건지치康乾之治이다.

강희제康熙帝

강희제는 청나라 황제 중 처음으로 중국에서 태어나 유교적 제왕학과 만어와 한어를 모어로 익히며 성장한 황제다. 그는 '국궁

진췌鞠躬盡瘁 사이후이死而後已' 몸을 아끼지 않고 최선을 다하여 죽기까지 힘쓴다는 말이 자신의 마음가짐이라고 밝혔다. 어떤 신하가 본래 제갈량의 〈후출사표〉에 나오는 이 말이 신하가 임금을 섬기는 자세를 가리키며 임금이 가질 자세로는 어울리지 않는다고 하자, 그는 조용히 이렇게 대답했다고 한다.

"짐은 하늘을 섬기는 신하다."

이상에서 보았듯이 한나라 이후 적어도 200년 이상 이어온 중국 왕조의 대부분은 유학의 통치이념을 근간으로 세워지고 다스려진 나라들이다. 따라서 유학은 결코 한 시대에 머무르는 낡은 학문이 아니라 시대를 관통하면서 새롭게 발전해온 통치이념이요 학문인 것이다!

여기서 유학의 통치사상을 가장 찬란하게 꽃피운 조선의 세종대왕이나, 당태종과 그 신하들의 정치문답을 정리한《정관정요》를 통치의 교본으로 삼은 도쿠가와 이에야스에게 끼친 유학의 영향에 대해서는 굳이 언급하지 않겠다.

다만 13세기, 역사상 최고의 용병술을 구사한 희대의 영웅 칭기즈칸과 그의 후손들이 중국을 점령하고 세운 원나라 초기의 통치만 보기로 하자.

중국의 유방과 주원장과 칭기즈칸의 공통점은 일자무식이라는 점과, 통치술을 가르쳐 준 훌륭한 유학자를 중용했다는 점이다.

인재를 중시한 칭기즈칸은 금나라 관리였으나 수도 연경이 함락되자 숨어버린 한 인물을 찾아내서 그를 중용하는데 그가 바로 유학에도 정통했던 명재상 야율초재耶律楚材이다. 그는 통치학으로서는 유학儒學이 으뜸임을 일찍이 깨우친 인물이었기에 29세에 등용된 후 원 태조 칭기즈칸과 그의 뒤를 이은 원 태종 오고타이에게 유가의 왕도정치를 펴게 함으로써 북중국을 신속히 안정시킨다.

칭기즈칸은 "야율초재는 하늘이 우리 가문에 준 인물이니 그의 뜻에 따라 국정을 행하라"는 유언을 남겼다.

야율초재耶律楚材

몽골인들의 중국 지배관을 바꾸어 놓은 이가 야율초재였다. 그는 거란 황실 출신의 금나라 최고의 학자요 정치가로, 몽골이 금나라로부터 얻은 최고의 보물이었다. 그는 칭기즈칸으로부터 오고타이 때까지 20여 년간 중신重臣으로 활약했다. 유학을 가업으로 하는 집안을 유호儒戶로 지정하는 제도를 고안하고 세금을 감면시켜주는 대신 유학을 힘써 배우게 함으로써 유호를 실무 관료층의 공급원으로 삼았다. 원 태종 오고타이는 정복된 중국의 역대 왕조에서 행해오던 대로 유학의 창시자인 공자孔子의 자손을 보호하였는데, 이 또한 야율초재의 진언에 의한 것이었다고 전한다.

04

이렇듯 시대마다 뛰어난 통치자들의 통치사상으로 받아들여지고 실행되어 온 정통 왕도정치에서 요구하는 최상의 통치란 과연 무엇일까? 공자는 최상의 통치로 위임委任의 덕치를, 최고의 통치자로 순임금을 꼽았다.

子曰 爲政以德　譬如北辰
자왈 위정이덕　비여북진
居其所而　衆星共之
거기소이　중성공지
　　　　　　　　-논어 위정편-
덕으로 하는 정치를 북극성에 비하자면
자기 자리만 지키고 있어도 뭇 별들이 함께 도는 것

공자는 순임금의 통치는 한마디로 무위지치無爲之治라 말했다. 무위지치란 사람을 잘 알고 잘 택해서 적재적소에 앉히고 나서 그 후에는 그들에게 믿고 맡기는 위임통치를 말한다.

子曰 無爲而治者 其舜也與
무위이치자 기순야여
　　　　　　　-논어 위령공편-
무위지치 하신 분은 순임금이런가?

대통령이 일일이 크고 작은 일 모두를 직접 나서서 처리하는 정치는 삼류를 넘어 최악의 정치다. 대통령이 해야 할 일이 따로 있고 대통령이 책임질 일이 따로 있기 때문이다.

"내가 현명하지 못해서 다가오는 변화를 보지 못한다면 그들이 보게 될 것입니다. 그리고 그들이 그 변화를 유연하게 다루게 될 겁니다. 나는 이 회사를 어디로 끌고 가야 할지 모릅니다. 그러나 내가 적합한 사람들과 함께 출발하여 그들에게 적합한 질문을 던지고 그들로 하여금 활발하게 토론을 벌이게 한다면 우리가 이 회사를 위대한 회사로 만들어 갈 길을 발견하게 되리라는 것은 알고 있습니다."

-위대한 기업 웰스파고 CEO 딕 쿨리Dick Cooley

'적합한 사람들과 함께 출발하여 그들에게 적합한 질문을 던지고 그들로 하여금 활발하게 토론을 벌이게 한다.' 이것이 곧 순임금의 통치요 세종대왕의 통치였다. 그러니 걸핏하면 대통령 나오라 하고 걸핏하면 대통령 보고 사과하라고 억지 부리는 것도 다 삼류정치다. 이제 세간에 떠도는 우스갯소리로 이 장을 마무리 한다. 남편이 바람피우면 중국 부인들은 맞바람 피고 미국 부인들은 변호사부터 찾는다는데 요즘 우리나라 부인들은 이렇게 한단다. 대통령에게 가서 책임을 묻는다.

공자는 유교의 창시자가 결코 아니다!

유학은 시대를 관통해서 발전해온 학문이요 최고의 통치 사상이다!

05
공자의 인仁?

<오상五常으로 지어진 한양의 문>

사대문四大門은 서울 종로구와 중구의 한양 도성에 세워진 네 개의 대문을 말한다. 동대문은 흥인문, 서대문은 돈의문, 남대문은 숭례문, 북대문은 소지문(숙청문)이다. 사대문의 안쪽을 문안이라고 불렀다. 이 문들은 모두 보신각을 중심으로 지었다. 가운데 글자를 합하면 인·의·예·지이다.

■ 仁이 '어질다'란 뜻인가?

서울의 사대문 이름을 모두 아느냐고 물으면 대개 동대문과 남대문은 아는데 서대문에서 많이 막히고 북대문 이름을 아는 사람은 드물다. 조선 태조 이성계는 도읍을 한양으로 정하고 유학자 정도전에게 짓게 했는데, 그는 도읍의 둘레를 성벽으로 두른 후 사대문을 만들었고, 동서남북 순서대로 각 문마다 仁·義·禮·智 한 자씩을 넣어서 이름 지었다 한다. 그렇다면 信은 어디에 있는가? 문들의 중앙 보신각普信閣에 있다. 굳이 보신각을 세워 오상을 완성시켜 이름 지은 것은, 장차 조선에 대대로 군자가 나와 통치하기를 염원한 때문이며, 아울러 한양의 백성들이 오상五常(사람이 항상 지녀야 할 다섯 가지 덕성)을 잘 닦아 격조 있는 나라가 되길 바라서이다.

잘 알듯이 공자는 가장 이상적인 정치 지도자를 군자君子라 칭했다. 군자는 곧 인자仁者를 말한다. 따라서 군자를 알려면 인자를 알아야 하며 인자를 알려면 인仁을 먼저 알아야 한다. 유학이라 하면 통상 인·의·예·지·신을 떠올리는데, 이 오상五常은 한나라의 동중서董仲舒가 맹자의 인·의·예·지 4덕을, 목·금·화·수·토 오행五行에 맞추기 위하여 신信의 덕목을 추가한 데서 유래한다. 그러나 훗날 송나라 초기의 학자 정호程顥는 그의 저서 《정성서定性書》에서 '인은 혼연히 만물과 동체同體를 이룬다. 의·예·지·신은 모두가 인仁이다.' 라고 새롭게 정의를 내린 바 있다.

■ 인의예지신? 고쳐야 옳다!

공자가 가르친 仁에 대해서는 정호라는 학자가 더 정확히 본 것 같다. 왜냐하면 공자가 쓴 仁은 보다 포괄적인 개념이기 때문이다. 논어 학이편 2장에 보면 효가 인의 근본이란 말이 있듯이 인의 협의의 이름이 효라 말해도 전혀 어긋나는 말은 아닐 것이다. 따라서 굳이 오상을 만들려면 효·의·예·지·신으로 삼고 인은 이 모두를 아우르는 개념으로 수정하는 것이 공자의 가르침에도 맞고 더 합당하다. 왜냐하면 사람이 항시 지녀야 할 덕성 중에서 가장 으뜸인 덕성이 효 孝인데 이를 뺄 수는 없기 때문이다.

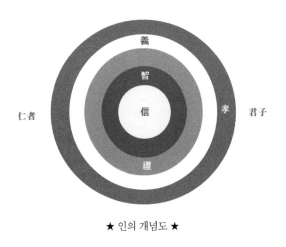

★ 인의 개념도 ★

맹자가 의·예·지·신 4덕에서 그랬고 동중서가 5상에서 효를 놓친 것은 공자가 제자 증자에게 효경孝經을 따로 쓰게 한 때문이 아닌가 싶다. 공자가 별도로 효경을 집필하게 한 이유는 효라는 덕목이 가장 중요하기 때문이 아닐까? 아무튼 공자의 가르침은 한마디로 벼슬길에 나아가길 희망하는 자들에게 가르친 수신제가치국의 학문 즉 리더십이었다.

이러한 공자의 가르침을 모아놓은 책 논어의 주제는 仁이며 이 仁을 실현하는 주체는 君子다. 따라서 가장 이상적인 리더인 군자君子는 인자仁者와 같은 말이며 결국은 인자애인仁者愛人이란 곧 군자애인君子愛人도 되는 것이다. 따라서 군자란 궁극적으로 '백성을 사랑하는 사람'이라는 가르침인 셈이 된다! 세종대왕이 군자를 넘어 성군聖君이라 일컬음 받는 것은 이분이 그 어느 왕들보다도 백성을 참 사랑하셨기 때문이다.

> 樊遲問仁 子曰 愛人 問知 子曰 知人
> 번지문인 자왈 애인 문지 자왈 지인
> -논어 안연편-
> 번지가 仁에 대해서 묻자 공자 왈 사람을 사랑하는 것이다!
> 知에 대해서 묻자 사람을 아는 것이다!

백성을 사랑한다? 우리는 이것이 왕이면 당연히 해야 할 도리라고 생각하지만 공자는 이것이 매우 어렵다고 보았다. 역사가 이를 잘 증명해주고 있다. 동서양을 불문하고 역사상 많은 왕들과 대통령 중에 진정으로 백성을 사랑한 분은 매우 드문 것이 사실이다. 왜 그럴까? 백성보다는 자기 자신을 더 사랑했기 때문이요 백성보다는 자기 패거리朋黨를 더 위했기 때문이다. 이는 모든 인간이 이기적利己的인 본성을 갖고 있기 때문일 것이다. 이를 간파한 공자는 정치란 백성을 사랑하는 것으로 보았고, 백성을 참 사랑하는 리더인 군자가 되기 위해서는 수신과 제가라는 극기의 과정(수기치인修己治人)을 반드시 거쳐야 하는데, 그 과정에서 어떤 덕성을 갖춰야 하는지를 가르친 것이 곧 논어의 핵심이다.

顏淵 問仁 子 曰 克己復禮爲仁
안연 문인 자 왈 극기복례위인

-논어 안연편-

안연이 仁을 묻자 공자 왈
"(이기적인) 자신을 극복하여 예로 돌아가는 것이 인이다!"

이제 仁에 대해서 알아보기 위해서 군자가 갖추어야 할 덕목인 오상五常을 정호程顥란 분의 이론(仁: 의·예·지·신을 모두 아우르는 포괄적인 개념)을 따르되, 여기에 효를 하나 더 추가하여 효·의·예·지·신으로 재정립하고 이를 순서대로 알아보도록 하자.

첫째: 효孝란? 사람은 태어나면서부터 사랑하는 법을 배우게 된다. 부모가 그 부모를 사랑하는 것을 보고 배우는데 이를 효孝라고 이른다. 군자의 수신修身은 바로 이 효부터 출발하는데 이는 공자가 통찰했듯이 제 부모를 사랑하지 않는 사람은 결코 남을 사랑할 수 없고, 또 남을 사랑하지 않는 사람은 결코 백성을 사랑할 수 없기 때문이다!

효경 제12장

그 어버이를 사랑하지 않으면서 다른 사람을 사랑하는 자는
덕에 어긋난 것이고
그 어버이를 공경하지 않으면서 다른 사람을 공경하는 자는
예에 어긋난 것이다

둘째: 의義란? 부모형제를 사랑하는 법을 배운 후 하늘을 사랑하는
법을 배우는 게 옳은 순서이다. 의義라는 한자는 양羊 자와 나 아我 자
의 합으로 구성되어 있는데 내가 양을 들어 올려 하늘에 바치는 모습
을 형상화한 글자다. 이는 하늘을 공경한다는 것을 의미한다는데 하
늘을 공경한다는 것은 하늘의 도道를 따르는 것이며, 하늘의 도에서
으뜸은 덕悳(마음 心 위에 곧을 直)으로 이는 사람이 마음을 곧게 하
는 것 즉 정직한 사람이 되는 것이라 말할 수 있다.

셋째: 예禮란? 땅의 준칙을 따르는 것을 말하는데 전후, 상하의 질
서를 지킴으로 이웃과 화합하는 것을 뜻한다. 이 또한 그렇다. 부모
와 효孝로서 화합하지 않고 하늘과 의義로서 화합하지 않는 사람은
결코 이웃과도 화합할 수 없기에 예가 그 다음인 것이다.

有子 曰 禮之用 和爲貴 先王之道
유자 왈 예지용 화위귀 선왕지도

-논어 학이편-

유자가 말하기를 이전의 왕들은
예를 화합을 위해 쓰는 것을 귀하게 여겼다.

넷째: 지智란? 부모를 사랑하고, 하늘의 도를 지켜 정직하고, 땅의
준칙을 지켜 이웃과 두루 화합할 줄 아는 사람이 비로소 배워야 할
학문을 뜻한다. 공자는 부모효도 형제우애를 하지 않고, 하늘을 업신
여겨 정직하지도 않으며, 이웃들과 화합하지도 않는 사람은 벼슬길
에 나가기 위한 학문을 아예 배우지 말라고 했다.

子 曰 弟子 入則孝 出則弟　자 왈 제자 입즉효 출즉제
謹而信 汎愛衆而親仁　근이신 범애중이친인
行有餘力 則以學文　행유여력 즉이학문
-논어 학이편-

제자들아! 집안에서 효도하고, 집을 나서서는 형제 우애하고
삼가고 믿음직하되, 널리 대중을 사랑하며 인자를 가까이 하라
그렇게 하고서도 힘이 남으면 벼슬길에 나갈 학문을 배워라

다섯째: 신信이란? 부모효도 형제우애 하며 정직하고 화목하고 겸
손하니, 이제 그 언행을 바로 하여 백성들로부터 받는 신망을 말한
다. 이를 물에 비유하자면 아래와 같이 표현할 수 있다.

仁者若水인자약수

맑은 물(孝)이 제방을 따라(義) 소리 없이(禮)

낮은 곳으로 흘러(智) 큰 바다를 이루도다(信) -畏天

   이상의 다섯 가지 덕성 즉 오상五常(항시 지닐 덕성)을 이룬 후에야 비로소 백성을 참 사랑할 수 있게 될 것이니 이를 두루 갖춘 사람이 곧 군자君子라는 것이 논어의 핵심 가르침이다! 놀라운 것은 예수님의 새 계명도 사랑인데 공자의 결론도 사랑으로 두 분의 생각이 서로 일치한다는 것이며, 더 놀라운 것은 논어를 읽어보면 성경의 가르침에서 벗어나는 가르침이 전혀 없다는 것이다.

樊遲 問仁 子曰 愛人

번지 문인 자왈 애인

번지가 仁을 묻자 공자 왈 "백성을 사랑하는 것이다."

요한복음 13:34

"새 계명을 너희에게 주노니 서로 사랑하라"

   아무튼 도읍을 한양으로 정하여 짓고 그 둘레를 성벽으로 두른 후 사대문을 만들고 보신각을 세워 각각에 오상을 한 자씩 넣어서 이름 지은 것은 장차 조선에 대대로 군자가 나와 통치하기를 염원한 때문이라고 했다. 그렇다면 과연 역대 대통령 중에 군자는 계셨는지? 계셨다면 어느 분이지? 이를 분별하기 위해 이제 논어에서 공자가 가르친 군자란 과연 어떤 리더인지 하나하나 알아보도록 하자.

동대문의 이름을 興仁之門에서 興孝門으로 바꾸자!
홍인지문   홍효문

仁이 어질다?

仁은 단 한 글자이지만 효·의·예·지·신을 모두 아우르는 글자다. 때문에 '어질다'로 해석함은 옳지 않다! 그냥 '인仁하다'라고 해석 않고 말하면 된다.

- **顔淵 問仁 子曰 克己復禮爲仁**

  안연 문인 자왈 극기복례위인

  안연이 仁을 묻자

  공자 왈 "자신을 극복하고 예로 돌아가는 것이다."

- **仲弓 問仁 子曰 ……己所不欲 勿施於人**

  중궁 문인 자왈   기소불욕 물시어인

  중궁이 仁을 묻자

  공자 왈 "자기가 하기 싫은 일을 남에게 시키지 않는 것이다"

- **樊遲 問仁 子曰 愛人**

  번지 문인 자왈 애인

  번지가 仁을 묻자

  공자 왈 "백성을 사랑하는 것이다!"

06

군자가 최고의 리더다

군자가 무엇인지를 알아보는 이번 장은 논어에 나와 있는 군자에 대한 가르침 중에서 가장 핵심적인 것 다섯 가지를 설명하되 효·의·예·지·신 오상의 순서대로 설명하고 仁으로 마무리하겠다.

첫째: 군자는 부모효도 형제우애 한다.

> ### 君子孝悌 군자효제

효경에 공자께서 이르기를 '옛날에 밝은 왕은 효도로써 천하를 다스리며'라 했다. 또한 '군자는 부모를 효도로 섬기기 때문에 임금에게로 옮겨서 충성할 수 있고, 형제를 우애로 섬기기 때문에 어른에게로 옮겨 공손할 수 있으며, 집안에 머물러 잘 다스리기 때문에 관직으로 옮겨서 다스릴 수 있다.'고 일렀다.

한때 나라가 어려워져 IMF로부터 구제 금융을 받을 때, 적자 부도를 내고 법정관리에 들어간 한 공기업을 부임한 지 1년 만에 흑자 경영으로 바꾼 모 CEO가 한 말이다. "제가 잘한 것이 아닙니다. 단, 남이 안 하는 것을 한 가지 했다면 효도수당을 만들어서 매달 직원 모두에게 지급한 것입니다." 기업의 운뿐 아니라 나라의 국운國運도 바꾸는 방법은 같다. 건전한 가정을 많이 만드는 것이다. 건전한 가정을 만들려면 자녀들을 부모에게 효도하고 형제간에 우애하게 만드는 것이 제일이다.

> 신명기 5:16
> 너는 네 하나님 여호와께서 명령한 대로 네 부모를 공경하라 그리하면 네 하나님 여호와가 네게 준 땅에서 네 생명이 길고 복을 누리리라

둘째: 군자는 하늘을 두려워하는 사람이다.

君子畏天 군자외천

하늘이 낸 대통령이 하늘을 업신여기면 될까? 우매한 질문 아닌지. 대통령뿐만 아니라 성공하고 싶은 모든 리더는 하늘을 두려워해

야 한다. 세계적인 베스트셀러 작가요, 스티브 잡스가 함께 오찬하고 싶은 분 1위로 꼽았던 경영철학자인 미국의 짐 콜린스(GOOD TO GREAT 저자)는 그의 저서에서 "성공한 기업의 위대한 리더들은 한결같이 '운이 좋았다'라고 말했다."고 밝힌 바 있다.

또한 일본의 「마쓰시다 정경숙」에서는 신입생을 뽑을 때 '운이 좋은 사람인가'를 제일 중요하게 본다고 한다. 운이 좋기를 바란다면 먼저 하늘을 두려워하는 것이 올바른 순서일 것이다. 앞에서도 언급했듯이 하늘을 두려워한다는 것은 하늘의 뜻을 따르는 것이며 그중에서도 제일 중요한 것을 들자면 정직하게 사는 것이다.

하늘을 두려워한 공자

노장 철학자들은 왜 공자를 비난할까? 두 사상의 근본적 차이 때문이 아닐까? 도덕경에는 도道는 흔하나 천명天命은 없다. 노장 사상은 무신론적이다.

사회주의 또한 유물론에 근거한 무신론적 사상이다. 반면 논어에는 도道보다는 천명天命이 더 자주 언급이 되고 이를 가장 중시한다. 유신론적이다. 노자는 무위자연無爲自然, 공자는 무위천명無違天命.

셋째: 군자는 남과 다투지 않는 사람이다.

君子不爭군자부쟁

요즘 우리나라의 정치판을 보면 부쟁不爭이 아니라 전쟁戰爭이다! 정치판을 목소리만 큰 소인배들이 장악하고 있으니 시끄럽고 단 하루도 바람 잘 날이 없다. 이 소인배들은 수치도 모른 체 상대편이 무슨 말만 하면 무섭게 말꼬리를 잡고 개처럼 짖어댄다. 제발 이들 소인배들 때문에 정치판이 개판이라는 소리를 듣지 않기를 바란다. 이 전투구泥田鬪狗! 개같이 싸운들 서로에게 무슨 득이 있겠는가. 나라의 품격만 떨어질 뿐 누워서 침 뱉기다.

싸워서 지면은 개보다 못한 놈이 되고,
싸워서 비긴들 개 같은 놈이 되고,
어쩌다 이긴들 개보다 더한 놈이 된다.

군자는 남이 아닌 자신과 치열하게 다투는 사람이다. 칭기즈칸은 '적은 밖에 있는 것이 아니라 내 안에 있었다. 나는 나를 극복하는 그 순간 칭기즈칸이 되었다!'라고 했다.

사람은 자기 자신과의 싸움을 시작할 때
비로소 가치 있는 사람으로 여겨진다. -시인 브라우닝

자신과 잘 싸워 이기는 사람은 남과 언쟁하지 않는 사람, 일기를 쓰는 사람, 습관적으로 책을 읽는 사람, 매일매일 운동을 하는 사람, 아침에 일찍 일어나는 사람이다. 군자는 이렇게 자신과 치열하게 싸워 잘 이기는 이런 사람 중에 있다.

극기의 영웅 칭기즈칸

- 운이 나쁘다고 탓하지 말라!
  나는 아홉 살 때 아버지를 잃고 마을에서 쫓겨났다
- 먹을 게 없다고 말하지 말라!
  나는 들쥐를 잡아먹으며 연명했다
- 작은 나라에서 태어났다고 말하지 말라!
  병사로만 십만 백성은 다 합쳐 이백만도 되지 않았다
- 배운 게 없다고 힘이 없다고 탓하지 말라!
  나는 내 이름도 쓸 줄 몰랐으나

남의 말에 귀기울이면서 현명해지는 법을 배웠다
• 적은 밖에 있는 것이 아니라 내 안에 있었다!
나는 나를 극복하는 그 순간 칭기즈칸이 되었다!

넷째: 군자는 사람을 잘 쓰는 사람이다.

君子不器 군자불기

군자불기? 군자는 그릇이 아니라는 말인데 그릇이 아니라면 그럼 무엇이란 말일까? 그 그릇들을 쓰는 사람이란 말이다. 대통령이나 리더에게 가장 필요한 능력 중에 하나는 사람을 잘 알고 잘 쓰는 능력이다. 어떤 사람을 쓸지에 대해서는 앞에서 언급했듯이 먼저 효자인지 아닌지부터 살피되, 정직한 사람, 화합하는 사람, 지혜롭되 겸손한 사람, 주변으로부터 신망 받는 사람을 들어 쓰되 이들을 적재적소에 잘 배치해서 써야 한다.

사람을 쓸 때는 먼저 시대 상황을 살펴보는 것이 좋은데 지금이 치세治世인지 난세亂世인지를 먼저 살펴야 한다. 왜냐하면 치세의 인걸이 있고 난세의 인재가 따로 있기 때문이다. "세상이 태평하면 적장자를 먼저 하고 세상이 어지러우면 공功이 있는 이를 먼저 하오니 세 번을 생각하소서." 조선 태조 때 명신 조준의 이 현명한 제안은 일찍이 조조가 한 말을 인용한 것으로 보인다.

인재 등용에 있어서 역사상 가장 과감했던 통치자 한 사람을 꼽으라면 조조曹操를 꼽을 수 있지 않을까? 이 조조는 재임기간 중에 인재를 구하는 칙령을 세 차례나 발표했는데 특기할 점은 능력 제일주의로 사람을 뽑겠다고 밝힌 점이다. 건안建安 8년에 발표한 경신령庚申슈에서 이러한 과감한 인재등용 시책을 펴는 이유에 대해서 '태평성세에는 덕행을 숭상하지만, 일이 있으면(난세) 공과 능력을 상 줘야 한다.(治平尙德行 有事賞功能)'는 말로 설명한 바 있다. 조조는 또한 건안 15년(210년)에 그 유명한 구현령求賢令을 발표하는데 그 내용은 아래와 같다.

"예로부터 천명을 받아 임금이 되었거나 또는 중흥中興한 임금 중에서, 일찍이 현인賢人, 군자君子를 얻어 그들과 더불어 천하를 다스리지 않은 자가 있었던가! 그러나 현인을 구하려 애를 써도, 그들이 은거해 있는 곳을 나오지 않는다면 만날 수 없으니, 뛰어난 사람은 구할 수 없도다. 지금 천하가 아직 평정되지 아니하니, 특히 현인을 급히 구해야 할 시기이라. 만약 반드시 청렴한 선비라야 등용할 수 있다면, 제 환공은 어떻게 관중管仲을 등용해 세상을 제패했겠는가?

지금 천하에 강태공처럼 갈옷을 입었으나 옥 같은 마음을 품고서 위수 가에서 낚시질하는 자가 없겠는가? 또 한漢 고조의 책사 진평처럼 형수를 도적질하고 금을 받았지만, 자신을 알아보고 천

거한 위무지를 만나지 못한 자가 없겠는가? 그대들도 나를 돕고
자 한다면, 비록 흠결이 있는 자라도, 오직 재능만 보고 천거하여,
내가 그들을 얻어 기용할 수 있도록 하라."

대한민국은 지금 휴전중인 난세다! 그렇다면 나관중이란 소설가
에 의해 폄하된 조조에 대한 선입견을 버리고, 용인술의 대가인 조조
처럼 능력에 중점을 두고 인재를 구할 때가 아닌가 싶다. 이런 관점
에서 요즘의 청문회를 보면 참으로 안타깝다. 나라의 관리를 뽑는 건
지 성직자를 뽑는 건지 도무지 알 수가 없다. 이런 청문회는 시간 낭
비요 인력 낭비요 혈세 낭비다. 하루빨리 후보들의 능력과 경륜과 실
적에 역점을 두고 살펴서 옥석을 가리는, 보다 긍정적이고 진취적인
청문회로 바뀌기를 기대해 본다.

다섯째: 군자는 말을 잘 참는 사람이다.

君子忍言 군자인언

말이 많으면 식언하기 일쑤고, 말이 많으면 실수하기 쉽다. 말로
인해 곤욕을 치루는 분들이 어디 한두 분인가. 이를 설화舌禍라 하는
데 하지도 않은 말을 했다고 뒤집어씌우는 경우도 있고, 단장취의斷
章取義라 남이 한 말을 앞뒤 잘라서 모함하는 경우도 흔하다 보니 요
즘에는 가급적 말을 삼가는 것이 좋다. 매우 어려운 일이지만 혀를

잘 다스릴 줄 알아야 군자가 될 수 있다는 뜻이다.

끝으로: 군자는 백성을 사랑하는 사람이다.

君子愛人 군자애인

군자는 부모님께 효도하고 형제간에 우애하는 사람, 하늘을 두려워하는 정직한 사람, 남과 다투지 않고 자신과 싸워 이기는 사람, 사람을 잘 쓰는 사람, 혀를 잘 제어하는 사람이다. 이 다섯 가지 덕성을 쌓아야 비로소 백성을 참 사랑하는 군자가 될 수 있다는 것이 공자의 가르침이다. 그러니 군자가 되는 것이 이토록 어려운 일인데 백성을 사랑하는 것은 또 얼마나 어려운 일인가? 그러기에 세종대왕님께서 칭송받는 것 아니겠는가.

백성을 사랑하는 것?
어찌 보면 쉬울 것도 같다. 백성의 욕구는 채워주고, 백성의 의심하는 바는 알려주고, 백성의 허영심은 절제해 주면 되는 것 아닌가. 여기에 한국인의 특성에 맞는 정치를 하면 되지 않나? 알다시피 우리 한국인은 세 가지 특성을 가지고 있다. 그것은 다름 아닌 정情! 한限! 흥興! 따라서 우리 백성들을 사랑한다는 것은 곧 정은 잘 맺어 주고, 한은 잘 풀어 주고, 흥은 잘 돋아 주면 되는 것 아닐까?

정치가 뭣이 그리 어렵단 말인가?

나보다 백성을 더 사랑하면 그만인 것 아닌가. 착한 백성이 손해 보지 않고 득을 보는 세상을 만들어 주면 되고, 하후상박下厚上薄, 법은 고관일수록 엄하게 적용하고 민초일수록 관대하게 적용하게 하면 좋은 세상 되는 것 아닌가? 난세일수록 기본과 원칙에 충실할 필요가 있지 않을까?

이제 정리하자면 군자란?

① 군자효제: 부모 효도 형제 우애 한다.(孝)

② 군자외천: 하늘을 두려워한다.(義)

③ 군자부쟁: 남과 다투지 않고 자기와 싸운다.(禮)

④ 군자불기: 사람을 잘 쓰는 사람이다.(智)

⑤ 군자인언: 말을 아끼는 사람이다.(信)

⇓

군자애인: 백성을 참 사랑한다.(仁)

자고 나면 남을 비난하고 다투는 사람? 소인이다!

이런 소인들 계속 뽑으면 나라 망한다!

군자君子란

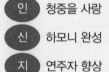

- 인 청중을 사랑
- 신 하모니 완성
- 지 연주자 향상
- 예 악기의 조화
- 의 악보에 충실
- 효 작곡가 존중

군자란 훌륭한 오케스트라의 지휘자에 비유할 수 있다.

작곡가를 존중함에서 시작해서, 악보에 충실하며, 악기 간에 조화를 잘 이루게
하되, 연주자들의 실력을 최대한 높여서, 아름다운 하모니를 만들어 청중에게 선사
하는 것!

07

목계지덕의 참 교훈

기원전 8세기경, 주周나라의 선왕宣王이 투계闘鷄를 몹시 좋아하여 뛰어난 싸움닭을 구해서 기성자紀性子라는 당시 최고의 투계 사육사를 찾아가 가장 빠른 시일 내에 최상의 투계로 만들어 달라고 요청했다. 닭을 맡긴 지 10일이 지난 뒤 성질이 급한 선왕宣王은 기성자를 찾아가서 물었다. "닭이 충분히 싸울 만한가?" "아닙니다. 아직 멀었습니다. 닭이 강해지긴 했으나 교만하여 자신이 최고인 줄로만 알고 있습니다. 이 교만을 버리지 않는 한 최고의 투계라 할 수 없습니다." 선왕은 실망한 채로 돌아갔다. 다시 열흘이 지나자 선왕이 찾아가서 또 물었고 기성자는 답했다. "아직 멀었습니다. 이제 교만함은 버렸으나 상대방의 소리와 그림자에도 너무 쉽게 반응합니다. 태산 같은 진중함이 있어야 최고라 할 수 있습니다." 혀를 차며 다시 돌아갔던 선왕이 10일이 지난 후 또 찾아와 묻자 기성자는 답했다. "아직도 멀었습니다. 조급함은 버렸으나 상대방을 노려보는 눈초리가 너무 공격적입니다." 선왕은 호통치며 재촉하였다.

이는 장자莊子 달생편에 나오는 〈목계지덕〉이란 우화이다. 중국 주나라에 닭싸움이 한창 유행했던 시절의 이야기다. 어느 날 좋은 자질을 갖춘 싸움닭 한 마리를 선물로 받은 선왕은 당대 최고의 조련사 기성자에게 이 닭의 훈련을 맡기는데 이에 얽힌 이야기로 아주 좋은 교훈을 담고 있으면서도 또한 흥미로운 이야기라서 그런지 많은 사람들이 강의 자료로 활용한다. 이 이야기를 읽으며 별별 궁금증을 자아냈던 기억이 새롭다.

아니, 싸움닭을 훈련시키는데 닭이 교만하다니? 무슨 소리야? 닭이 교만하면 뭐 어떻단 말이지? 교만한 닭을 또 어떻게 고쳤을까? 등등. 사실 이런 질문들은 닭을 닭으로 보고 사람으로 보지 않았기 때문에 생긴 것이다. '성질이 급한 선왕宣王은' 혹시 이 이야기는 교만하고 서두르고 과시하길 좋아하는 선왕을 풍자한 이야기가 아닐까? 만약 그렇다면 이 〈목계지덕〉은 장자의 많은 가르침 중에서도 특별히 왕이나 왕이 될 만한 인재들을 위한 가르침인 셈이다.

불세출의 영웅 칭기즈칸은 큰 전쟁을 결정해야 할 때는 꼭 부르칸 칼툰산에 올라가 신에게 기도하며 출전 여부를 물었다고 한다. 필자

또한 강의 의뢰가 들어오면 교회로 가서 기도부터 한다. 이는 자신의 능력이 부족함을 알기 때문이다. 새삼 세간에 잘 알려진 〈목계지덕〉의 가르침을 길게 설명하는 데에는 나름의 깨달음이 있기 때문이다. 모 기업 리더십 강의를 의뢰받고 준비하던 어느 날, 자다가 깨어보니 아직 한밤중이었다. 그날 그 밤중에 문득 강의할 내용 중에 들어있는 〈목계지덕〉이 생각났고 이런 궁금증들이 꼬리를 무는 것이었다.

닭이 교만하다? 조급하다? 과시한다? 기성자는 왜 닭의 단점 중에 하필이면 이 세 가지를 고치려 들었을까? 이 닭이 사람 중에서도 왕이나 자질이 좋은 사람들을 의미한다면 이들에게는 교만함과 조급함과 과시함이 매우 심각한 결점이 되기 때문이겠지? 그날 그 한밤중의 깨우침을 중심으로 이제부터 이 세 가지 즉 교만, 조급, 과시를 순서대로 설명하겠다.

■ 교만하면?

먼저 교만부터 알아보자. 인간은 지아비가 되는 순간부터 누구나 교만해진다. 필자가 아니라 한자를 만드신 분의 생각이다. 한자의 지아비를 뜻하는 부夫 자는 하늘 천天을 뚫고 올라간 모양새이다. 재미있는 표기가 아닌가. 지아비인 가장은 절대로 교만해서는 안 된다는 경고를 글자에 담은 것 같다. 그렇다면 지아비인 가장도 교만해서는 안 되는데 하물며 나라의 장長인 대통령과 기업의 장長인 사장이 교만해서야 되겠는가?

不知言 無以知人也
사람의 말을 모르면 그 사람을 알 수 없다
질문! 경청! 주목!

교만하면 사람을 잘 알기 힘들다! 왜냐하면 교만한 사람은 지시만 많이 하지 질문은 잘 하지 않기 때문이다. 교만해지면 남의 말을 귀담아 듣지도 않는다. 상대의 말을 경청하지 않으면 그 사람을 알 수도 없고 또한 그 사람을 쓸 수도 없게 된다. 어쩌다 현자가 찾아와도 그를 알아 볼 수도 없고 또 쓸 수도 없게 되는데, 예컨대 교만한 항우는 두 인물의 장점이 서로 같아서인지 눈앞에 있었던 용병의 귀재 한신韓信을 그만 놓치고 만다. 반면 그의 탁월한 책사 범증范增은 일찍부터 한신을 알아보고 "등용하거나 아니면 죽이시오!"라고 충고했다고 한다.

子曰 不患人之不己知 患不知人也
자왈 불환인지불기지 환부지인야
-논어 학이편-
자신이 남에게 알려지지 않음을 걱정하지 말고
자신이 남을 잘 알지 못함을 걱정하라

인사가 만사라 했다. 대통령의 업무는 인사人事 즉 사람을 택하는 일로 시작하는데 문제는 대통령이 임명하는 자리가 아주 중요하며 아주 많다는 데 있다. 그래서 인재 식별을 위한 올바른 기준이 필요한데, 근자에 청문회 과정을 지켜보자면 도대체 어떤 기준에 의해 저런 사람을 선발했는지 잘 이해가 되지 않는 경우가 많았다. 아무튼 사람을 고르되 가급적이면 교만한 사람은 배제하는 것이 좋다.

교만한 사람의 곁에는 아첨하는 자들만 남게 된다!
교만한 사람은 성공해도 결코 오래 누리지 못한다!

이제 여기서 조금만 더 생각해 보면 교만의 진짜 폐해가 얼마나 심각한지를 알게 된다. 앞서 지아비 夫 자에서 보았듯이 교만의 극치는 하늘을 부정하고 업신여기는 것이다! 교만이 이 지경에 이르게 되면 그 좋았던 운도 더 이상 따르지 않게 된다. 한 마디로 재수 없는 사람이 된다는 말이다. 왜 그럴까? 교만하면 천명天命을 들을 수 없기 때문이다!

孔子曰 不知命, 無以爲君子也
공자왈 부지명, 무이위군자야

천명을 모르면 군자라 일컬을 수 없다! 과연 공자다운 통찰이다. 그러니 천명을 들을 수 없는 교만한 자는 결코 군자가 될 수 없는 것이다. 교만은 이렇게 심각할 정도로 나쁜 성품인데 문제는 재능이 남보다 탁월한 사람은 이 교만의 함정에 빠지기가 아주 쉽다는 데 있다. 하물며 만인지상의 높은 자리에 오르는 대통령이 되고 나면 어느 누군들 교만해지지 않겠는가. '驕' 교만할 교자인데 말 위에 사람이 높이 올라앉아 있는 모습을 표기한 글자이다. 말을 타면 아래 있는 사람들만 보이지 하늘은 잘 볼 수 없게 되는 법이다. 여기서 잠시 교만에 대한 좋은 사례로 초한지의 두 영웅을 살펴보고 넘어가는 것이 좋을 것 같다.

항우; 如何! 내 고견이 어떠냐?

유방; 何如? 네 의견은 무어냐?

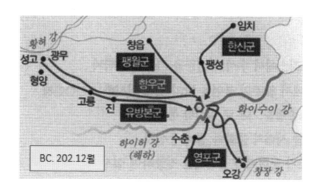

위 해하전투에서 유방본군 외에 3군을 지휘한 대장들(한신, 팽월,

영포)의 공통점은 항우를 배신한 장수요, 유방에게 토사구팽 당한다는 점이다.

해하가垓下歌

항우(項羽, BC232~202)

力拔山兮氣蓋世	힘은 산을 뽑을 만하고
역발산혜기개세	기운은 세상을 덮을 만한데
時不利兮騅不逝	때가 불리하여
시불리혜추불서	오추마는 나아가지 않는구나
騅不逝兮可奈何	오추마가 달리지 않으니
추불서혜가내하	이를 어찌 할 것인가
虞兮虞兮奈若何	우희야 우희야
우혜우혜내약하	이를 어찌한단 말이냐?

역발산기개세力拔山氣蓋世!

힘은 산을 뽑고 기세는 세상을 덮는다! 5천 년 중국 역사에서 가장 용력勇力이 탁월했고, 군사훈련과 편성은 물론이요 용병술用兵術까지도 매우 훌륭했던 사나이 항우는 모든 면에서 비교가 안 되는 길거리 한량이요 일자무식인 유방에게 천하를 빼앗기고, 결국 저 해하가를 부른 후 30세에 자결로 생을 마감했다.

그의 패인敗因에 대해서는 여러 가지 해석이 있지만 항우의 교만과 의심과 인색함, 그중에서도 가장 큰 패인은 교만이 아니었을까? 패인이야 어찌 되었든 역발산기개세의 영웅 항우도 무너뜨린 교만! 그러니 반드시 경계해야 한다. 효경에 재상불교 고이불위在上不驕 高而不危라는 말이 있는데 윗자리에 있어도 교만하지 않으면 그 자리가 위태롭지 않다는 가르침이다. 평소에도 자신의 재능이나 위업을 자랑하던 항우의 교만은 초패왕이 되면서 책사 범증까지도 내칠 정도로 극에 달한다. 그러니 공자의 말처럼 그 높은 자리를 오래 지키지 못하고 낙마한 것이 아닌가.

그렇다면 이 교만을 어떻게 하면 고칠 수 있을까? 교만은 성품인데 교만한 성품은 타고나기도 하지만 잦은 성공이나 오랜 습관에 의해서 형성되기도 하는 것 같다. 따라서 교만을 고치려면 습관부터 고치는 게 현명하다고 본다.

첫째: 지시보다는 질문을 잘하는 습관을 들이자
둘째: 말을 적게 하고 많이 듣는 습관을 들이자
셋째: 아첨하는 자들을 멀리하는 습관을 들이자
넷째: 아래 사람들에게도 존대하는 습관을 들이자.
말째: 하늘을 알고 두려워하는 습관을 들이자!

여기서 잠시 질문을 잘하는 것이 얼마나 중요한지 살펴보고 넘어가자. 먼저 이병철 삼성 창업자로 하여금 반도체 시대를 열게 하는

데 지대한 공헌을 한 질문이다.

호암(삼성 회장)의 질문

"오일 쇼크로 세계 경제가 어려운데 장차 일본의 살길은 무엇인가요?"

이나바 슈조 박사(후지화학 회장)의 답

"경박단소輕薄短小의 첨단기술산업에 달려있지요."

가볍고. 얇고. 짧고. 작고 ▶ 반도체!

다음은 서백 희창姬昌(주문왕)이 사냥하러 나갔다가 만난 낚시 중인 70대 노인 강상姜尙에게 던진 질문이다.

서백의 질문

어찌 세우고 어찌 수렴해야 천하가 돌아올까요?

강태공의 대답

인이 있는 곳에 천하가 돌아가며

덕이 있는 곳에 천하가 돌아가며

도가 있는 곳에 천하가 돌아가며

의가 있는 곳에 천하가 받들지요

이번에는 일찍이 한신의 재능을 알아본 소하가 누차 강력히 추천하지만 그를 탐탁하지 않게 생각한 유방의 질문이다. 초한지를 읽다 보면 이런 유방이 답답하고 어리석게 보이지만 자세히 알아보면 그렇지도 않다.

> "그대는 천하 제패를 위한 어떤 고견을 가지고 있소?"
>
> "왕께서는 항우와 정반대되는 방법을 쓰셔야 합니다.
> 용맹하고 재능이 있는 사람들을 등용하시고
> 공적을 쌓은 부하들에게 성을 나누어 주시되
> 승복하지 않는 사람이 있는지 살펴보아야 합니다."

수만 군대를 통솔할 대장군직에 소하가 추천한 한신은 나이가 고작 20대 중반, 그것도 적장 항우 밑에서 하위 직책인 집극랑(호위무사) 경력밖에 없었다. 누가 이런 어린 사람에게 군 최고의 통수권을 섣불리 맡기겠는가? 한신은 유방을 위해 하늘이 낸 용병의 귀재이다.

이처럼 역사상 어린 나이에 두각을 나타낸 사람들은 제법 많은데 남이 장군은 27세에 병조판서, 제갈량은 같은 나이에 군사軍師에 오르고 야율초재는 29세에 칭기즈칸의 고문이 된다. 언제 그 많은 공부를 했는지 범부로서는 이해하기 힘들다.

다음은 유명한 두 과학자로 하여금 역사상의 인물로 오르게 한 질문이다. 뉴턴이 떨어지는 사과를 보고 우연히 만유인력의 법칙을 발견했다고? 이는 근거 없는 이야기일 뿐이다. 사실은 동료 과학자로부터 받은 편지에 있는 아래 질문에 대한 답을 구한 것이라고 한다.

> 뉴턴의 질문
> '어떻게 하면 행성이 궤도 운동을 하는 것을
> 설명할 수 있을까?'

> 피타고라스의 질문
> "정사각형의 대각선의 길이를
> 정확히 표현할 수 있는 다른 수가 있는가?"

끝으로 산파술 産婆術 로 잘 알려진 질문의 달인 소크라테스 식의 질문인데 우리나라 엄마들에게 한 가상문답이다.

> 소크라테스의 질문
> 어디로 가면 이 명품들을 살 수 있을까요
> 백화점에요
> 어디로 가면 훌륭한 사람이 될 수 있을까요
> 훌륭한 스승님에게요
> 훌륭한 스승은 학원 선생인가요
> 아니요
> 그런데 왜 아이들을 학원에 보내는지요
> 아! 도서관에 보내야겠군요!

주변에 질문을 잘하는 사람이 있다면 그는 다시 봐야 할 사람이다. 질문의 중요성을 깨달은 후부터는 모임에 나가기 전에 미리 누구에게 무슨 질문을 할지를 적어서 나가는 습관을 들이고 있다. 물론 쉽지는 않다. 또한 모임에 나가서는 누가 질문을 잘하는지를 살펴본다. 이렇게 살폈더니 유난히 질문을 잘하는 분이 한 분 눈에 띄는데, 절로 고개가 끄덕여졌다. 역시 최고위직에 오른 친구였다. 여러분도 주변에 질문을 잘하는 친구나 상사가 있는지 살펴보고 가까이 사귀면 좋을 것이다.

지금까지는 교만에 대해 알아보았으니 반대로 겸손한 분, 대통령의 자리에 올랐지만 결코 교만하지 않았고 매우 정직했던 한 분을 소개하겠다. 그분은 바로 미국의 초대 대통령 조지 워싱턴이다. 측량사였던 이분을 역사의 무대에 등장시킨 것은 미국의 독립전쟁이었다. 본인의 능력보다는 인덕이 좋았고 정직해서 천운까지도 좋았던 이분은 대륙회의에서 만장일치로 독립군 사령관이 되고, 우여곡절 끝에 역사적인 승리를 거머쥔다. 이후 워싱턴은 부하들이 자신들의 공적을 홀대하는 대륙회의에 맞서 군사 쿠데타를 일으켜 왕이 되라는 유혹을 단호히 뿌리치고 낙향한다.

곧 대통령 선거가 공표되지만 워싱턴은 출마조차 하지 않고 고향에 내려가 있었는데, 그런데도 선거인단에 의해 만장일치로 추대되어 초대 대통령에 취임하게 되고 이후 임기를 잘 마치자 이번에도 선거인단의 만장일치로 재임되는데 임기 말에 또다시 3선 대통령으로 추대하려는 기미가 보이자 워싱턴은 임기 만료 6개월을 앞둔 1796년 9월 19일 서둘러 고별연설을 하고 미련 없이 다음 사람을 위해 물러난다.

이렇듯 대륙회의에서 만장일치로 사령관에 추대됐고, 현격히 열세한 상황에서도 당시 세계 최강의 영국군을 상대로 승리를 쟁취하여 개선장군이 되었으며, 선거인단에 의해 두 번씩이나 만장일치로 대통령에 추대되었으니 이만하면 교만하고도 남을 만한데도 이분은 물러설 때를 알았고 단호히 이를 실행함으로써 지금까지도 미국 국민들에게 존경과 사랑을 한 몸에 받는 역사적 인물이 된 것이다. 새삼 워싱턴 대통령의 위대함에 고개가 숙여지며 이런 건국대통령을 둔 미국이 부럽기도 하다.

반면 '조지 워싱턴' 대학을 나온 우리의 이승만 대통령께서는 왜 이분의 길을 따라가지 않으셨는지 정말 안타깝기 그지없다! 이 대통령은 80 노령이었으니 그렇다 쳐도 박정희 대통령께서도 같은 길을 가셨다는 게 참으로 이해되지 않는다. 새삼 권력의 마력에 혀를 내두를 수밖에 없다. 끝까지 겸손했고 정직했던 대통령 워싱턴의 고별사에는 이런 내용이 있었다.

"당파 의식은 지역분열을 조장하고 외국인의 음모가 개입될 수 있기 때문에 이를 경계하십시오!"

이제 이 장을 서경에 나오는 순임금에 대한 이야기로 마무리한다. 순임금 하면 공자도 우러른 겸손하기 짝이 없는 명군이다.

闢四門(벽사문) : 사방의 문을 여시고
明四目(명사목) : 사방으로 눈을 밝히시고
達四聰(달사총) : 사방으로부터 잘 들리도록 하셨다
-서경 우서 순전편-

요임금의 뒤를 이어 권좌에 오른 순임금은 제일 먼저 사방의 문을 열고, 사방의 눈을 밝히고, 사방으로부터 잘 들리도록 조치하셨다고 서경은 기록해 놓고 있다. 예부터 임금이 앉는 자리를 용좌龍座라고 불렀다는데 예나 지금이나 이 권좌는 이상한 마력을 가지고 있는 것 같다. 많은 통치자들이 이 자리에 앉은 후 문을 열고, 눈을 밝히고, 잘 들리도록 하기는커녕 점차 귀를 막고 눈을 가리고 마음을 닫았다는 사실을 역사는 말해주고 있다. 대한민국 개국 이래 총 열두 분의 대통령 중 순임금처럼 마음 열고, 눈 밝히고, 귀 세운 분이 과연 얼마나 있었는가? 용좌의 마법에 걸리지 않는 순임금 닮은 대통령을 바라는 것이 지나친 욕심일까?

通卽不痛 不通卽痛
소통하면 고통이 없고, 소통하지 않으면 고통이 온다.

순임금의 법치 하후상박下厚上薄

법法이란 한자의 표기대로 물(氵)이 가는(去) 것 같을 때가 많아서 바위처럼 힘 있는 자들을 만나면 알아서 돌아간다. 또한 있는 사람들에게는 부드럽게 대하지만, 없는 사람들에게는 야멸차게 대하는 경향이 있다. 無錢有罪, 이는 후진국일수록 더 두드러지는 현상이다.

서경의 기록에 의하면 순임금은 법의 생리를 잘 아셨던 분이었다. 순임금은 민 초들이 법을 모르고 저지른 죄는 가볍게 벌하게 했고 믿는 구석이 있어 죄를 저지 르는 자들은 무겁게 벌하게 했다.

"싫어하는 형벌을 베풀 때에는 위에서 아래로 내려가는 것이므로 죄를 범한 공경公卿이 있으면 시급히 벌을 줘야 할 것이니 순임금이 사흉을 주벌할 때 에, 천하의 대족을 먼저 친 것도 이 때문이었습니다. 이제 고관高官이라 하여 용서해 주고 난처하다 하여 용서해주고 오래 지체되었다는 핑계로 방면해 주고 국가를 배반한 무리와 적에게 아첨하고 화해를 요구하는 무리들도 오 히려 형벌을 모면하기까지 하니 다른 것이야 무엇을 더 보겠습니까?"

이는 임진왜란 당시에 형을 판결하고 집행하는 형정刑政의 문란을 비판하고 시 정을 촉구한 대사헌 김륵 등이 올린 상소문의 일부이다. 오늘날의 형정이 판박이다. 나라가 어떻게 될지 걱정이 크다.

순임금의 법치처럼 노블레스 오블리주noblesse oblige, 법은 고위직 범법자들에게는 집행유예 조항의 적용을 없애고 가중처벌 하도록 하고 일반 백성에게는 관대하게 적용하는 것이 옳다. 사법정의? 법 위에 군림하는 어떤 위정자도 법 위에 군림하는 어떤 무리도 있어서는 안 된다. 속히 공권력을 바로 잡아야 한다.

■ 조급하면?

서두름을 경계하는 사자성어 발묘조장拔苗助長

> 다시 열흘이 지나자 선왕이 찾아가서 또 물었고 기성자는 답했
> 다. "아직 멀었습니다. 이제 교만함은 버렸으나 상대방의 소리와
> 그림자에도 너무 쉽게 반응합니다. 태산 같은 진중함이 있어야 최
> 고라 할 수 있습니다."

이 닭은 싸움닭인데 성질머리가 급하다는 것이다. 무엇 때문에 급
하다는 것인가? '상대방의 소리와 그림자에도 너무 쉽게 반응합니
다.' 상대방의 소리와 그림자에? 소리와 그림자는 상대방의 실체가
아니다. 이 점을 잘 생각해 봐야 한다. 그리고 또 알아야 할 것은 왜
급하냐는 것이다. 상대방을 의심해서, 상대방과 싸우려고 급한 것이
다. 아시다시피 중국의 춘추전국시대에는 전쟁이 아주 잦았다. 이러

한 실정이니 군주는 타국과의 다툼이 일어나도 섣불리 전쟁을 하려 들면 안 된다는 가르침이 필요했던 것이리라 본다. 우리가 잘 아는 병법서 〈손자병법〉에도 이런 글이 있다.

兵者 國之大事 死生之地 存亡之道 不可不察也
병자 국지대사 사생지지 존망지도 불가불찰야

전쟁은 나라의 큰일이며 생사가 달린 것이며 나라의 존속과 망함이 걸려있는 중대한 길이므로 잘 살펴보지 않을 수 없다. 지금에 와서는 당연한 말씀 같지만 그 시대에는 그만큼 전쟁이 잦았기 때문에 이런 경고가 꼭 필요했던 것이 아니겠는가.

전쟁을 서두르면 승부에 매우 큰 악영향을 미치게 된다. 서두르면 적을 충분히 알지 못하고, 나도 제대로 알지 못한 채 싸움을 하게 되고 부지피부지기면 매전필패다!不知彼不知己 每戰必敗 전쟁뿐만 아니라 정치나 외교나 협상이나 경쟁이나 모두 서두르면 손해를 보기 십상이다. 서둘러서 낭패 본 대표적인 인물이 한명회란 분 아닌가. 세상을 빨리 보고 싶은 욕심에 두 달이나 서둘러 나와 팔삭둥이가 되어 놀림 많이 받지 않았는가. 농담이다. 그러면 왜 서두르게 되는가? 당사자의 욕심, 의심, 허영심 등이 주된 원인이 아닐까? 문득 대기업 사장이었던 친구의 말이 생각난다. "우리나라 재벌 총수들은 심장이 몇 개인 줄 알아? 세 개야 욕심! 의심! 허영심!" 어디 그분들만 그렇겠는가? 그분들이 보통 사람들보다는 좀 크다는 것을 강조한 말로 새겨들어야 하지 않을까.

욕심과 의심과 허영심? 그러고 보니 유비는 아우 관우의 복수 욕심에 서두르다가 이릉전투에서 대패하여 명을 재촉하고 말았고, 조조는 섣부른 의심 때문에 자신을 대접하려 했던 여백사의 일가족을 몰살시키는 실수를 저질렀으며, 또한 조나라의 장수 조괄은 허영심에 사로잡혀 진나라 명장 백기와 서둘러 싸운(장평전투) 끝에 무려 45만 대군을 잃고 패군지장이 되어 역사에 오명을 남겼다.

이들의 경우를 보면 서두름의 폐해가 생각보다 매우 큼을 알 수 있고, 이와 유사한 많은 역사적 사례들은 장자가 왜 조급한 성격을 고치라고 교훈하였는지를 이해할 수 있게 한다.

예컨대 대통령이 되면 남다른 공功을 이루고 싶어질 것이다. 특별한 업적을 남기고 싶어질 텐데 이럴 때 5년은 너무 짧게 느껴져서 서두르게 될 개연성이 많다. 더구나 한국 사람들의 특징이 빨리빨리 아닌가. 근자의 검수완박과 원전폐쇄는 서두름이 주는 폐해의 대표적인 사례가 아닐까? 반면에 서두르지 않고 인내하며 기다린 덕에 큰 이익을 얻은 훌륭한 분들도 많이 있다.

> 서두름에 대한 주승朱升의 경고
>
> 주원장朱元璋이 휘주를 점령했을 때 불러 시무時務를 묻자
> 高築墻 廣積糧 緩稱王 고축장 광적량 완칭왕
> "담장을 높이 쌓고 널리 식량을 저장하며 칭왕을 더디게 하옵소서"
> 주승이 내놓은 서두름을 경계한 전략이다.

사주팔자가 '너는 황제가 아니면 거지팔자다'였다는 천민 출신의 주원장도 칭왕稱王(왕위에 오르는 것)을 서두르지 않고 결국 황제가 된다. 강태공 강상은 세월을 낚으며 서두르지 않고 끝까지 기다렸다가 주 문왕이 될 서백 희창을 만났고, 사마의는 노심초사하며 조조의 시운이 다할 때까지 참고 기다렸고, 그가 죽은 후에도 무려 29년을 더 기다린 끝에 드디어 기회가 오자, 단번에 위나라를 무너뜨리고 진晉나라를 세웠다.

· 시진핑의 좌우명 ·
自豪不自滿 자호불자만
昂揚不張昂 앙양불장앙
務實不浮躁 무실부부조

스스로 당당하되 자만하지 않고
드높게 추진하되 떠벌리지 않고

실질에 매진하되 서두르지 않고

서두름에 대한 최근의 흥미 있는 사례를 하나 더 들어본다. 목계지덕의 교훈을 자신의 좌우명으로 삼아 승승장구해 온 중국의 기린아 시진핑! 그러나 국가주석이 된 지난 2013년 이후부터의 이분의 행각은 위 자신의 좌우명을 무색케 하고 있다! 중국을 일으킨 탁월한 지도자 대인 등소평의 당부도 듣지 않고 서둘러 칼을 빼다가 미국과 그 동맹국으로부터 강한 반발을 사고 곤욕을 치르고 있는데 다음은 시진핑의 감춰진 본성이 잘 드러난 일화이다.

〈쉬중쉰의 국수〉

시진핑은 어렸을 때 매우 이기적이고 욕심 많은 아이였다고 한다. 시간이 지날수록 친구들이 하나 둘 곁을 떠나고 외톨이가 되어 있는데도 시진핑은 그게 자신의 잘못이 아니고 다른 사람들의 잘못이라고 생각했다.

어느 날, 아버지가 국수 두 그릇을 삶아 오셨다. 한 그릇은 계란이 한 개 올려져 있고, 다른 그릇에는 계란이 없었다. 계란이 매우 귀했던 시절이다. 아버지가 말씀하셨다. "어느 것을 먹겠느냐?" 시진핑은 당연히 계란이 있는 그릇을 골랐다. 그런데 거의 다 먹어 갈 즈음 아버지 그릇에는 국수 밑에 두개의 계란이 있었다. 화가 나서 후회하는 시진핑에게 아버지는 웃으면서 이렇게 말씀하셨다. "아들아! 눈에 보이는 게 다가 아니다. 남을 쉽게 이기려면 오히려 네가 지는 법이다." 다음날 아버지가 국수 두 그릇을 식탁 위에 올려놓고 아들을 불렀다. 한 그릇은 계란이 있고 한 그릇은 없었다. "골라 보거라!" 이번에는 계란이 없는 그릇을 골랐는데, 아무리 국수 밑을 찾아봐도 계란이 한 개도 없었다.

아버지는 웃으면서 또 이렇게 말씀하셨다. "아들아! 너무 경험에만 의존하지 마라. 삶이 너를 속일 것이다. 그럴 땐 화를 내거나 실망하지 말고 교훈으로 삼아라." 또 다음날 아버지는 국수 두 그릇 중 하나를 고르라 하셨다. 이번엔 아들이 이렇게 대답했다. "아버지는 가장으로서 가족을 위해 희생을 해오셨으니 아버지께서 계란이 있는 국수를 드시는 게 당연합니다. 저는 계란이 없는 국수를 먹겠습니다." 이번에도 자신의 국수에 계란이 없을 거라 생각했는데, 그의 국수 밑에는 계란이 두 개나 들어 있었다.

아버지가 또 웃으시며 이렇게 말씀하신다. "사랑하는 아들아! 남에게 베풀어라! 그러면 그보다 더 좋은 일이 너에게 되돌아온다는 걸 잊지 말거라!"

화무십일홍 권불십년이라 했는데 혹 이 모두가 종신집권을 위한 시진핑의 치밀하게 계산된 작정된 서두름이었다면 이야기는 달라질 수도 있겠다. 즉 그가 작정하고 전시戰時에 준하는 위기 상황을 일부러 조성해서 애초부터 정권의 연장을 노린 것이라면, 그야말로 손자의 궤도詭道를 아는 조조를 잇는 무서운 효웅梟雄이 한 명 나온 것이 아닌가?

아무튼 이제 시진핑은 치세의 능신보다 난세의 간웅의 길을 택한 것 같다. 이는 그가 자신의 좌우명뿐 아니라 현명한 아버지 쉬중쉰의 교훈까지도 잊어버린 것 아닐까 하는 우려를 낳게 한다. 과유불급! 순천자는 흥하고 역천자는 망한다고 했는데 도도한 역사의 물결을 거슬러 올라가기 시작한 시진핑! 이제 물러나기를 거부하고 3연임의 길을 택한 그의 말로가 과연 어떠할지 매우 궁금해진다.

도강양회! 잘 알다시피 1980년대 중국의 대외정책을 일컫는 용어이다. 도광양회韜光養晦란 칼을 칼집에 넣어 검광劍光이 밖으로 새나가지 않게 하고 어둠 속에서 실력을 기른다는 뜻을 가진 사자성어로 원래 나관중이 쓴《삼국지통속연의》에 나오는 말로 유비가 조조의 위협을 피하기 위해 쓴 도회지계韜晦之計란 계략에서 유래한 말이란다. 중국이 천안문사태를 유혈 진압했다는 이유로, 미국과 국제사회로부터 단교 위협을 포함한 외교적 제재를 받고 있을 때에, 덩샤오핑은 이 위기에서 빠져나오기 위한 '20자 방침'을 공표했고, 당시 외교부장이었던 첸치천이 이것을 외교 전략으로 삼았다고 한다.

덩샤오핑이 말한 20자 방침이란 "첫째 냉정하게 관찰할 것, 둘째 서두르지 말 것, 셋째 침착하게 대응할 것, 넷째 어둠 속에서 조용히 실력을 기를 것(韜光養晦), 다섯째 꼭 해야 할 일이 있는 경우에만 나서서 할 것(有所作爲)"을 말한다. 이를 줄여 '도광양회 유소작위'라고도 하는데 개혁개방의 총설계사 덩샤오핑이 이 지시를 할 때에 정한 시점은 2020년이었다.

"경제발전을 꾸준히 해 나가면 2020년에는 중산층이 늘어나 중진국 수준에 이르는 샤오캉小康상태에 이를 것이며, 최소한 그때까지는 도광양회를 하라"는 지시였다고 한다.

그러나 시진핑은 2013년 그가 국가주석이 되자마자 서둘러 중국의 국가 목표가 중국의 꿈을 실현하는 것이며, 대외정책으로는 함께 G2로 불리는 미국과 대등한 관계에서 국제 문제에 대처하는 신형대국관계新型大國關係를 구축한다는 국가전략을 밝힘으로써 미국과 유럽을 자극했고 급기야 미중 무역전쟁을 촉발한다.

등극하자마자 교만해져서인지 시진핑은 대인大人 등소평의 당부를 어기고 무려 7년이나 서둘러 중국의 야욕을 드러낸 것이다. 서둘러도 너무 서두른 것이다. 서두름도 대부분 습관으로 굳어진 성격이라 할 수 있는데 그렇다면 서두르는 성격을 고치려면 어떻게 하면 좋을까?

첫째: 헛된 욕심은 부리지 않으면 좋다. 제자 자하가 거보라는 고을의 수령이 되자 공자가 다스리는 방법을 일러준다. "작은 이익만 보고 일을 서두르면 되레 이루지 못하느니라.(견소리욕속즉부달見小利欲速則不達)" 헛된 욕심을 부리지 않기 위해서는 눈앞에 이익이 보이면 그것이 의로운 것인지 아닌지를 먼저 따져보는 습관을 들이면 좋다. 인생살이에는 얻는 게 있으면 반드시 잃는 게 있는 법, 특히 노력하지 않거나 서둘러서 득을 보려 할 경우에는 그만큼 잃을 것이 숨겨져 있다는 사실을 알고 신중해야 좋을 것이다.

둘째: 근거 없는 의심은 하지 말아야 좋다. 의인막용 용인물의疑人莫用 用人勿疑는 명심보감에 있는 말로 의심나는 사람은 쓰지 말고, 썼으면 의심하지 말라는 말이다. 특히 전장에 나가 있는 장수는 의심하지 말아야 한다. 역사적으로 많은 장수들이 왕의 의심을 사서 피해를 입곤 했는데 이순신 장군이 그 대표적인 예이다. 삼도 수군통제사라는 요직에 있었던 이순신 장군에 대한 선조의 병적인 의심은 이분을 시기 질투하는 무리들에 의해 부풀려졌고 끝내는 파직에 이르고 그 틈에 조선 수군이 궤멸하는 대참사가 일어난다. 칠천량 해전이다. 이 해전이야말로 통치자의 근거 없는 의심의 폐해가 상상을 초월하는 결과를 초래할 수 있다는 사실을 잘 보여준 사건이었다.

<칠천량 해전>
정유재란 당시였던 1597년(선조 30년) 7월 16일 새벽 경상도 거

제 땅 칠천량 해협에서 통제사 원균이 지휘하는 조선 수군 연합함대가 일본군에게 크게 패배하여 해전 경험이 풍부한 많은 지휘관들이 전사하고 판옥선 100여 척과 일만 여 병력이 완전 궤멸된 세계 해전사에서 그 유례를 찾기 힘든 치욕적인 패배로 끝난 해전이다. 자칫 나라가 망할 수 있었던 전투다.

이런 사례는 중국에서도 많이 볼 수 있는데 오나라의 오자서, 남송의 악비, 명나라 말기의 원숭환 등 모두가 억울한 누명을 쓰고 죽임을 당한 명장들이다. 이제 그 대표적인 인물인 염파 장군의 경우를 보자. 백전노장 조趙나라의 염파廉頗는 진秦나라의 공세에 맞서서 수비를 굳히고 진군의 보급품을 유린하며 승리를 눈앞에 두고 있었다. 그러나 염파 장군을 의심하기 시작한 조나라 효성왕이 마침내 그를 해임하고 만다. 진나라의 뇌물공세에 넘어간 대부 곽개郭開의 끈질긴 모함 때문이었다.

문제는 이후 염파의 후임으로 부임한 조괄에게 있었다. 허영심이 가득한 이 젊은 장수는 이렇다 할 전투 경험조차 없었다. 그는 효성왕의 비위를 맞추려 서둘러 공세를 취하다가 진나라 명장 백기의 유인책에 말려들어 대패하고 마는데(BC 260년 장평대전) 휘하 장병들 대부분(약 40만 명)이 포로가 되어 생매장 당하고 만다. 이 또한 왕의 의심이 낳은 대참사이다.

그렇다면 의심의 함정에 빠지지 않으려면 어떻게 하는 것이 좋을까? 그 해답 중 하나가 서경 우서 대우모편에 있는 현신 익益이 우임금에게 간한 임현물이 거사물의任賢勿貳 去邪勿疑라는 말이 아닌가 싶다. 여기서 임현물의는 현자에게 맡겼으면 두 마음을 품지 말라는 말이고, 거사물의는 의심을 부추기는 사악한 자들을 제거하고 의심하지 말라는 말이다. 끈질기게 모함하는 곽개郭開 같은 간신배들 사이에 있다 보면 견딜 장사가 없다. 다 넘어간다. 그래서 삼인성호라는 사자성어가 있는 것이 아닐까?

<삼인성호>

증자는 효심이 지극한 사람이었다. 그런데 이 증자와 이름이 같은 사람이 또 있었는데 어느 날 동명이인의 다른 증자가 살인을 했다. 그러자 이 소식을 들은 이웃 중 하나가 증자의 어머니에게 찾아와서 알렸다. "어머니, 증자가 살인을 했습니다." 그러자 어머니가 말했다. "아닙니다! 우리 증자가 살인하지 않았을 겁니다." 그리고 두 번째 사람이 찾아와서 또 알렸다. "어머니, 증자가 살인을 했습니다." 이번에도 어머니는 말했다. "그렇지 않습니다. 우리 증자는 효심이 깊어 그럴 리가 없습니다." 그리고 세 번째 사람이 찾아와서 이야기 했다. "어머니, 증자가 살인했습니다." 그랬더니 이번에는 증자 어머니가 도망을 쳤다.

그렇다면 모함인지 아닌지 어떻게 식별할 수 있을까? 상대보다 능력도 없으면서 비난할 경우, 대신 추천하는 자가 비난하는 자와 가까울 경우, 정당한 대안이 없이 비난만 할 경우 등 이런 경우는 모함일 가능성이 크다. 아무튼 칭찬도 그렇고 비난도 그렇고 말로 주면 되로 깎아서 받으면 큰 실수는 면할 수 있다고 본다.

셋째: 과도한 허영심은 부리지 않아야 좋다. 노자老子는 하는 일만 많으면 도리어 혼란을 초래하고, 공을 서두르면 도리어 파멸에 빠지며, 때문에 오히려 무위함이 대성에 이르는 방법이라고 했다. 과도한 허영심을 버리려면 남과 비교하는 습관을 버리면 좋다. 그리고 허영심을 부추기는 아첨하는 사람들 중에는 군자가 드무니 멀리해야 한다.

이상 서두름을 억제하는 세 가지를 설명했는데 그렇다면 과연 이것이 헛된 욕심인지 아닌지, 근거 없는 의심인지 아닌지, 과도한 허영심인지 아닌지를 어떻게 알 수 있을까? 이 세 가지가 나를 위한 것인지 아니면 나라와 백성을 위한 것인지를 따져보면 대략은 알 수 있을 것이다. 이쯤에서 서두르면 안 되는 가장 중요한 이유를 밝히며 이 장을 마무리한다. 앞서 교만하면 천명天命을 들을 수 없다고 했는데, 서두르면 천시天時를 잡을 수 없게 된다! 천명을 듣지 못하고 천시를 놓치게 되면 결코 성공할 수가 없다.

교만하고 서두르는 시진핑?

하늘이 중국을 기울게 하고자 세운 통치자가 아닐까?

> "시간이 동상을 갉아먹겠지만, 디오게네스여 그대의 영광은 영원
> 하리라! 그대는 인간에게 스스로 만족하는 법을 보여주었고, 행복의
> 지름길을 가르쳐주었으니"(디오게네스의 고향에 있는 동상에서)

욕심과 허영을 모두 버림으로써 자기 나름의 자유와 행복을 얻은 디오게네스는 알렉산드로스 대왕조차도 부러워한 인물이다. 디오게네스는 버리려는 삶을 살았고 알렉산드로스는 잡으려는 삶을 살았다. 과연 누가 더 행복했을까?

■ 자랑하면?

공자 왈 "각자 마음속에 간직하고 있는 뜻을 말해 보라"
안회 왈 "저의 바람은 자신의 장점들을 자랑하지 않고
　　　　자신이 세운 공로를 내세우지 않는 것입니다"
-논어 공야장편-

> 혀를 차며 다시 돌아갔던 선왕이 10일이 지난 후 또 찾아와 묻
> 자 기성자는 답했다. "아직 멀었습니다. 조급함은 버렸으나 상대
> 방을 노려보는 눈초리가 너무 공격적입니다." 선왕은 호통치며

재촉하였다.

'상대방을 노려보는 눈초리가 너무 공격적입니다.' 눈초리가 공격적이다? 주변의 나라들과 화평하려 하지 않고 늘 트집만 잡으려 들고 싸우려 하는 왕을 경계하고자 한 말이다. 전쟁을 밥 먹듯 하던 전국시대의 왕들이 귀담아 들어야 할 말이었던 것이다.

이 가르침은 북한의 어리석은 통치자와 지도급 인사들이 잘 새겨들어야 할 말이 아닌지? 방귀 뀐 놈이 화낸다고 그들이 남한을 노려보는 눈초리가 참으로 늘 공격적이다. 자나 깨나 미사일은 왜 그렇게 자주 쏴대는지. 백성은 굶어 죽는데도 그저 과시하지 못해서 안달인데 이는 결코 그들이 강하지 않다는 반증이 될 뿐이다! 노자는 '약지승강 유지승강 弱之勝强 柔之勝剛' 약한 것이 강한 것을 이기고 부드러움이 단단한 것을 이긴다.'라고 했다.

노려보는 눈초리 즉 과시誇示란 '자랑해 보임 또는 사실보다 크게 나타내어 보임'을 뜻한다. 자신의 강함을 과장하면서까지 드러내고자 하는 사람들은 대부분 자랑하고 싶어서다. 그러나 정말 싸움을 잘하는 사람 즉 고수들은 겉으로 보아서는 잘 모른다. 결코 자신의 강함을 과시하지 않기 때문이다. 이 세 번째 가르침을 조금 넓혀서 '자랑하지 말라'는 뜻으로 보면 이는 평소 자신의 능력이나 이룬 업적을 자랑하길 좋아하는 리더들을 경계한 말로도 이해할 수 있다.

자랑하면 왜 안 되나? 한때 자기 PR의 시대라는 말이 유행한 적도 있었는데. 그 이유는 자랑하면 자신의 의도나 능력이 간파되기 때문일 것이다.

군사용어에 기도비닉이란 말이 있다. 자신이 하고자 하는 바를 적이 알지 못하게 몰래 감춘다는 뜻이다. 특히나 적을 공격하거나 점령하고자 할 때 이를 드러내지 않는 것은 상대가 경계심을 갖지 못하게 하고, 미처 대비를 못 하게 하는 데 그 목적이 있다.

> 제갈량의 기도비닉
> 제갈량은 형주의 학자 황승언의 딸 황월영과 결혼했는데,
> 그녀의 얼굴이 너무 못생겨서 사람들의 입에 오르내리기도 했다.
> 그러나 부인 황월영은 매우 현명한 여자였다.
> 제갈량의 상징인 거위 깃털 부채는 부인의 선물이었다.
> 부인은
> "큰일을 도모할 때 감정을 드러내지 마세요!"라며 부채를 주었고,
> 이 백우선白羽扇은 늘 제갈량과 함께했다.

자랑하지 말아야 하는 이유가 또 있는데 자신의 능력이 자기 혼자만 노력해서 갖게 된 것이 아니기 때문이다. 하늘이 주신 바탕에, 부모님의 양육과 스승님들의 가르침과 자신의 노력이 함께 이룬 것이기 때문이다. 업적은 더더욱 그렇다. 앞서 말한 대기업 사장을 역임

했다는 친구에게 성공에 관해 묻자 이렇게 답하는 것이었다. "다 도와주신 분들 때문이지요." 또 한 친구는 초고속 승진을 한 끝에 장관까지 올랐는데 가까이에서 교분을 나누는 오랜 세월 동안 단 한 번도 자기 자랑 하는 꼴(?)을 못 봤다. 이 두 벗의 공통점은 능력은 기본이고, 독서하고 일기 쓰는 습관에 자기 자랑을 좀처럼 하지 않으며 윗사람의 의도를 잘 살피는 현명함과 손위 형제들이 있었음에도 홀어머니를 모신 점 등이다.

자랑은 왜 하고 누구에게 하고 언제 하고 싶을까? 자랑은 남에게 인정받고 칭찬받고 높임받기 위해서 하는 경우가 많은 것 같다. 남이나 부하를 자랑하는 것은 참 좋은 일이다. 문제는 남이 아니라 자신을 자랑한다는 데 있다. 그렇다면 왜 내가 내 자랑을 하면 안 되는가?

첫째: 내 자랑하면 남이 시기한다.
둘째: 내 자랑은 나를 교만으로 이끈다.
셋째: 내 자랑만 하다보면 남을 칭찬하지 않게 된다.
넷째: 내 자랑만 하다보면 인재들이 하나둘 떠나간다.

자랑하지 않은 대표적인 인물로는 순임금 다음으로 왕위를 잇고 하夏왕조를 개국한 우임금을 들 수 있다. 장장 13년에 걸친 간난신고 끝에 지난했던 치수사업을 성공리에 마친 우禹에게 순임금이 양위讓位의 뜻을 밝힌 글이다.

汝惟不矜	네가
여유불금	자랑하지 않으나
天下莫與汝爭能	천하에 너와 더불어
천하막여여쟁능	능력을 다툴 자가 없으며,
汝惟不伐	네가
여유불벌	자랑하지 않으나
天下莫與汝爭功	천하에 너와 더불어
천하막여여쟁공	그 공을 다툴 자가 없으니

내 이런 너의 덕을 크게 여기고 너의 큰 공적을 아름답게 여기
노라 또한 하늘이 내린 차례가 너의 몸에 있으니 너는 임금의 자
리에 오를 것이다.   -서경 우서 대우모편-

신하의 공을 인정하고, 이를 칭찬하고, 자랑을 경계하고, 하늘에
감사하라는 당부까지 하신 것이다. 그러나 문제는 자랑하고 싶은 것
이 인지상정이란 점. 하물며 높은 자리에서 큰 공적을 이루게 되면
더더욱 자랑을 참기 힘들 것이다. 허나 이럴 때일수록 함께 공을 이
룬 사람들을 드러내고 그들을 칭찬해 주는 것이 좋을 것이다.

앞서 교만하면 천명天命을 알지 못하고 서두르면 천시天時를 얻지
못한다 했는데 자랑하면 천우天佑, 즉 하늘의 도움을 잃게 된다.

왜냐하면 공을 이루고 나서 이를 자기가 다 이룬 것처럼 자랑하면,

함께하며 도움을 주었던 사람의 마음을 잃게 되고 결국 그들이 떠나게 된다. 초패왕이 된 항우의 경우가 대표적인 사례이다. 이제 〈목계지덕〉의 교훈을 세 줄로 정리하자면 아래와 같다.

교만하면 천명을 알지 못한다!
서두르면 천시를 얻지 못한다!
자랑하면 천우를 받지 못한다!

이러면 누구도 성공할 수 없고 설령 성공한다 해도 잠시뿐! 이것이 그날 그 한밤중에 문득 깨우친 바이다. 장자? 참으로 지혜로운 분이다.

"여호와의 미워하시는 것 곧 그 마음에 싫어하시는 것이 육 칠 가지니 곧 교만한 눈과 거짓된 혀와 무죄한 자의 피를 흘리는 손과 악한 계교를 꾀하는 마음과 빨리 악으로 달려가는 발과 거짓을 말하는 망령된 증인과 및 형제 사이를 이간하는 자이니라"

〈유방의 용인술〉

교만과 서두름과 자랑함의 폐해를 강조하려고 불세출의 영웅 항우를 너무 폄하한 듯하다. 항우가 종국에 가서는 졌지만 7만 명의 적은 병력으로도 당대 최강의 진나라 군대 20만을 꺾은 용장이다. 또한 유방의 군대와도 번번이 싸워 이긴 맹장이 아닌가. 실패의 원인을 항우의 성격에서 찾아서 그렇지 유방이 만만치 않은 적수였다는 사실을 결코 간과해서는 안 될 것으로 본다.

유방이 어느 날 자신이 어느 정도의 군사를 거느릴 수 있는가를 한신에게 물었다. 그러자 한신은 유방이 10만 명 정도의 군사를 거느릴 수 있을 것이라고 말했다. 그리고 자신은 다다익선! 많으면 많을수록 좋다고 했다. 그러자 빈정이 상한 유방은 "그렇게 유능한 그대가 나에게 사로잡힌 이유가 무엇인가?"라고 물었고, 한신은 "폐하는 군사를 거느릴 수 있는 재능은 부족하지만 그 군사를 통솔하는 장군들을 거느릴 수 있는 재능이 탁월하고 그것은 하늘이 주신 천부적인 재능이기에 사람의 힘으로는 어찌할 수 없다"고 말했다 한다.

"하늘이 주신 천부적인 재능이기에 사람의 힘으로는 어찌할 수 없다."

한신의 이 말은 맞는 말인가? 일자무식이요 거리의 한량이었던 유방을 지식이 많았던 장량과 나이도 직급도 높았던 소하와 힘이 훨씬 더 강했던 번쾌 등등 많은

재사才士들이 기꺼이 따른 것이 사실이고 보면 아부의 말만은 아닌 것 같다. 그렇
다면 유방은 과연 어떤 매력을 지닌 남자였을까? 아무튼 훌륭한 리더들 특히 개국
군주들에게는 현자와 능력자들이 자의 반 타의 반 모여든 것이 역사적 사실이다.
한신의 말마따나 그들 모두에게 하늘이 주신 천부적 재능이 있었던 것일까?

인사만사

<번암 채제공의 혜안>

1792년 그해 7세의 김정희는 한양 통의동에 있는 월성위궁月城尉宮 대문에다 입춘방을 써서 붙였는데 길을 가던 재상 채제공이 이를 보고는 집 주인을 찾았다. 이에 김정희의 부친인 김노경이 깜짝 놀라 채제공을 맞이한다. 채제공은 김노경에게 "이 아이는 반드시 명필로서 이름을 떨칠 것이오. 그러나 만약 글씨를 잘 쓰게 되면 반드시 운명이 기구해질 것이니 절대로 붓을 쥐게 하지 마시오. 대신에 문장으로 세상을 울리게 되면 반드시 크고 귀하게 될 것입니다." 채제공의 예언은 들어맞았다. 추사 김정희의 생애는 불운의 연속이었다.

인사가 만사라는 말은 이미 진부해졌지만 이 말은 인용은 많이 돼도

실천은 잘 안 되는 말이다. 불편부당! 이 한마디의 말을 잊은 탓이 아닐까? 리더십의 원전 서경은 요전堯典으로 시작하는데 여기서 공자는 요임금을 사람을 잘 볼 줄 아는 분으로 소개하고, 그 다음 편인 순전舜典에서는 순임금을 사람을 잘 쓴 분으로 소개하고 있다. 공자의 혜안이 놀랍지 않은가? 통치자의 능력 중 으뜸이 사람을 잘 보고 잘 쓰는 것임을 잘 아셨던 분인 듯하다.

그렇다! 리더는 먼저 사람을 잘 볼 줄 알아야 한다. 사람을 잘 볼 줄 알아야 그 사람의 등용 여부와 용처用處를 정할 수 있기 때문이다. 그렇다면 어떻게 하면 사람을 잘 알아볼 수 있을까? 매우 중요하지만 결코 쉬운 일이 아니다. 살아오면서 가끔 이런 생각이 들 때가 있었다. 높이 된 인물 중에 상당수의 인물들이 위 채제공처럼 사람을 잘 알아봤는데 그분들의 사람 보는 안목은 대체 어디에서 왔을까 하는 의문이다.

로마 역사상 첫 쿠데타의 주인공이라 할 수 있는 술라는 정적 마리우스 파를 숙청하기 위해 살생부를 만들었는데, 많은 사람들의 탄원에 못 이겨 마지못해 어린(18세) 율리우스 카이사르의 이름을 명단에서 지우면서 이렇게 말했다고 한다. "너희들 눈에는 저 카이사르 안에 100명도 넘는 마리우스가 들어 있는 것이 안 보이느냐?" 카이사르 또한 불과 16세인 옥타비아누스를 후계자로 정했다 하니 그의 혜안은 또 무엇이란 말인가? 반면 혹자는 무엇 때문에 사람을 잘못 알고 써서 돈도 잃고, 명예도 잃고, 권력도 잃는 걸까? 과연 사람을 어떻게 알아보고 쓰는 것이 좋을까? 논어에 있는 관련 문장들을 근거로 해서 다섯 가지만 권하고자 한다.

첫째: 부모 효도하고 형제 우애하는 사람을 들어 쓰자.

其爲人也 孝弟 而好犯上者 鮮矣
기위인야 효제 이호범상자 선의   -논어 학이편-
부모 효도하고 형제 우애하는 사람은 윗사람을 범하는 자가 드물다.

둘째: 정직한 사람을 들어 쓰자.

擧直錯諸枉則民服
거직조저왕즉민복   -논어 위정편-
바른 자를 들어서 굽은 자 위에 두면 백성이 따른다.

셋째: 화목하게 하는 선한 사람을 들어 쓰자.

擧善而敎不能則勸
거선이교불능즉근   -논어 위정편-
선한 자를 들어 쓰되 부족한 능력은 가르쳐 주면 열심히 할 것이다.

넷째: 재능이 뛰어난 사람을 들어 쓰자.

子曰 先有司 赦小過 舉賢才
자왈 선유사 사소과 거현재   -논어 자로편-
부하보다 솔선하고 작은 과실은 용서해 주며 현명한 인재를 들어 써라.

다섯째: 말보다 행동이 앞서는 사람을 들어 쓰자.

子曰 先行 其言而後從之
자왈 선행 기언이후종지   -논어 위정편-
먼저 행하고 말이 뒤따라야 한다.

이상을 정리하면 이렇다.

첫째: 부모 효도 형제 우애 하는 사람을 쓰고(효)

둘째: 정직한 사람을 쓰고 (의)

셋째: 화목하게 하는 선한 사람을 쓰고(예)

넷째: 재능이 뛰어나되 겸손한 사람을 쓰고 (지)

말째: 말보다 행동이 앞서는 사람을 쓰자(신)

사람을 알고 선택하는 것이 매우 어려운데도 우리나라의 경우는 이에 대한 관심이나 연구는 턱없이 부족하다. 그래서 나도 알고 남도 알고 또 양자의 미래도 알 수 있는 아주 실용적인 방법 하나를 공자의 가르침을 인용해서 알리니 참고하길 바란다.

性相近也 習相遠也

성상근야 습상원야　　　　　　　-논어 양화편-

타고난 바탕은 서로 비슷하나 습관이 서로를 멀어지게 한다

　　논어 양화편에서 공자가 일렀듯이 사람의 미래는 상당 부분 어제오늘의 습관에 달려 있다. 자신의 미래가 어떠할지 궁금하다면 알 수 있는 아주 간단한 방법이 있다. 본인의 습관을 적어보면 금방 알 수 있다. 내가 매일매일 하는 일이 무엇인지 적어 보고 또 내가 격일제로 또는 적어도 매주 한두 번씩 반복하고 있는 일이 무엇인지 적어 보자. 그리고 이 중에 좋은 습관과 나쁜 습관을 분리해서 보면 현재의 나를 알 수 있고 나아가 미래의 나 또한 보일 것이다! 쓸 사람을 고를 때도 마찬가지 그 사람으로 하여금 적어 보게 하면 그 사람의 현재와 미래가 어느 정도는 보일 것이다. 그렇다면 좋은 미래를 담보하는 좋은 습관에는 어떤 것들이 있을까?

　첫째: 근면 습관이다. 오늘 일은 오늘 하는 습관이 좋다.

　둘째: 독서 습관이다. 매일 매일 책을 읽는 습관이 좋다.

　셋째: 일기 습관이다. 매일 매일 일기 쓰는 습관이 좋다.

　네째: 운동 습관이다. 매일 매일 운동 하는 습관이 좋다.

닷째: 질문 습관이다. 누굴 만나기 전 질문을 꼭 챙기자.
말째: 문안 습관이다. 매일 부모님께 전화로라도 문안드리자.

매일매일 근면하고, 독서하고, 일기 쓰고, 운동하는지와 질문을 잘
하고 부모님과 자주 연락하는 사람인지 등을 알아보면 함께해서 좋
을 사람이 누구인지를 쉽게 알 수 있을 것이다. 여기에 운까지 좋으
면 금상첨화다. 그렇다면 진짜 운이 좋은 사람은 어떤 사람일까? 하
늘이 장차 올바른 일에 쓸 사람인데 성공할 가능성이 아주 많은 사람
이다. 일본에서 제법 저명한 모 컨설턴트의 조사에 의하면 성공한 사
람의 공통점을 조사해 보니까 의외의 결과가 나왔다고 한다. 그들의
공통점은 쓰라린 실패! 자고로 골이 깊으면 산이 높다고 했다.

〈맹자 고자 하〉
하늘이 어떤 사람에게 큰 사명을 내리려 할 때에는
반드시 먼저 그의 마음과 뜻을 고통스럽게 하고
그의 힘줄과 뼈를 수고롭게 하고
그의 육체를 굶주리게 하고 그의 몸을 고단하게 하여
그가 행하는 일마다 어긋나서 이루지 못하게 하나니
이는 그 마음을 격동시키고 그 성질을 굳게 참고 버티도록 하여
그가 잘하지 못했던 일을 더욱 잘할 수 있게 해 주기 위함이다.

위 맹자의 가르침도 유사하다. 진짜 운 좋은 사람은 최선을 다하

다 당한 실패나 불우한 환경으로 인한 시련을 잘 극복한 사람들이다. 그래서 동일한 조건이라면 보다 악조건에서 자란 사람을 써야 한다. 좋은 환경에서 순조롭게 자란 사람들은 마치 온상에서 자란 화초와 같아서 모진 풍파를 만나면 왕왕 견디지 못한다.

이번에는 어떤 사람을 쓰면 안 되는지 알아보자. 논어 자로편에 보면 '공자 왈 아무리 주공 같은 재주와 아름다움을 가진 자라도 교만하고 또 인색하다면 더 볼 것도 없다!'고 했다.

첫째: 교만한 사람은 쓰지 말아야 한다. 공자가 가장 싫어한 사람이 교만한 사람인데 설상가상 인색하기까지 한 사람은 그의 능력과 상관없이 절대 쓰지 말라고 당부하되 자신이 가장 우러른 주공을 빌어서까지 강조하신 것이다. 개인적으로 삼국지의 인물 중 청소년기에 가장 좋아했던 관우도 결국 교만함 때문에 죽게 되었다는데 그 애석한 사연은 다음과 같다.

관우는 평소 황충 등의 장수와 같은 수준에서 거론되는 것을 몹시 자존심 상해했다. 이에 독단으로 번성을 공격하고 전공을 세워 자신의 입지를 굳히고자 한다. 출정할 때는 승리를 장담했지만 전세는 예상과 다르게 전개되었다. 사마의의 계략을 받아들인 조조의 협공 제안에 동의한 손권의 부대가 관우를 공격했고, 평소 관우의 오만함에 앙심을 품었던 미방과 사인이 군수물자를 대는 일에 힘을 다하지 않아 위태로운 처지에 놓이고 만다. 관우는 급히 유봉에게 지원군을 요청했지만 차갑게 외면당한다.

관우는 결국 주변의 도움을 받지 못하고 탈주로까지 끊긴 상황에서 손권의 장수 마충馬忠에게 붙잡혀 처참한 최후를 맞는다. 실상 관우를 쓰러뜨린 것은 아군인 유봉도 미방도 사인도 적군인 손권도 마충도 아니고 바로 자신의 교만이었던 것이다.

중국 사람들은 이런 관우를 신격화하여 숭배하는 바 그 근거는 아마도 소설 삼국지연의에 실린 아래 내용에 기인한 듯하다. 다소 황당한 미신이지만 관우 하면 또 義理 아닌가. 그나마 의로운 자가 재물신으로 둔갑했다는 건 그래도 용납이 되는 부분이다.

관우는 아들 관평 등과 더불어 맥성 북문으로 탈출한다. 이르는 곳마다 오나라 복병들과 맞닥뜨리면서 결석決石 땅에 도달한다. 때는 5경에 가까운 시각인데도 순간 함성소리가 들리면서 다시 복병들이 공격해 왔다. 돌아보니 뒤쪽에는 주연과 반장의 정병이 기습한다. 관우는 반장의 부하인 마충과 맞닥뜨렸는데, 그 순간 하늘에서 사람의 음성이 들린다.

"운장은 인간 세상에 너무 오래 머물렀다. 옥황상제의 조칙이 있으니 범부와 승부를 겨루지 말라." 관우는 그 말을 듣자 갑자기

깨닫는다. 마침내 싸움을 하지 않고 무기와 말을 버린 채 관우와 관평 부자父子가 하늘로 올라가 신이 되었다.

- 나관중 삼국지연의-

둘째: 인색한 사람은 높이 써서는 안 된다. 그렇다면 인색한 사람인지 아닌지는 어떻게 알 수 있나?

① 칭찬에 인색한 사람이다. 잘하는 사람에게
② 위로에 인색한 사람이다. 아픈 사람에게
③ 격려에 인색한 사람이다. 실수한 사람에게
④ 상급에 인색한 사람이다. 공을 세운 사람에게

초한지에 보면 유방을 알현한 한신이 항우의 인색함에 대해서 이렇게 말하는 대목이 있다.

"신이 일찍이 항왕을 섬긴 적이 있으니 그의 됨됨이를 말해보겠습니다. 항왕이 노기를 품고 큰 소리로 꾸짖으면 천 명이 나가떨어집니다. 그러나 현명한 장수를 신뢰하고 일을 맡기지 못하니 그는 필부에 지나지 않습니다. 항왕은 사람을 공경하는 마음으로 대하고 자애를 베풀며 말도 온화합니다. 병에 걸려 아픈 사람을 보면 눈물을 흘리며 먹을 것과 마실 것을 나누어 줍니다. 하지만 어떤 이가 공을 세워 봉작을 내릴 때가 되면 인장의 모서리가 닳을 때까지 만지작거리며 차마 주지 못하니 그가 보여주는 인(仁)은 아녀자 수준에 지나지 않습니다.

셋째: 아첨하는 사람을 쓰지 말아야 한다.

巧言令色鮮矣仁

교언영색선의인   -논어 학이편-

듣기 좋은 말과 보기 좋은 표정을 잘 짓는 사람 치고

仁한 사람은 아주 드물다

속담에 '장이 단 집에는 가도 말이 단 집에는 가지 말라'고 일렀다. 허영심은 이런 아첨하는 부류의 사람들 때문에 간혹 지나치게 부풀려진다. 입에 단맛은 이를 썩게 하고 귀에 단말은 자주 듣다 보면 쓴소리를 못 듣게 한다.

넷째: 남을 모함하는 사람은 멀리 해야 한다. 남을 습관적으로 비난하거나 모함하는 사람들은 대부분 열등감이나 자존감이 낮은 사람들이다. 그렇다면 이것이 칭찬인지 아첨인지, 사실인지 모함인지를 어떻게 하면 분별할 수 있을까? 간단하다. 그 말로 인해 득을 보는 사람이 누구인지를 잘 따져보면 알 수 있다. 조선왕조실록에 보면 '도전(정도전)이 또 준(조준)을 대신하여 정승이 되려고 하여 남은과 함께 늘 태상왕에게 준의 단점을 말했으나 태상왕이 조준을 대접하기를 더욱 두텁게 하였다'는 기록이 있는데 천하의 인재 정도전의

총명도 재상 자리를 탐하는 이기심 앞에서는 잠시 어두워진 것 같다. 이런 사례들은 매우 많은데 그래서 견리사의見利思義 하라는 공자의 가르침이 더욱 빛을 발하는 것 아닐까?

이제 정리하자면 사람을 쓸 때는 반드시 효자인지 아닌지를 먼저 살피고, 그 사람의 습관을 살피면 인언수재! 아울러 좋은 사람을 들어 쓰는 것도 중요하지만 써서는 안 될 사람을 구별할 줄 알아서 쓰지 않는 것도 중요함을 잊지 말자. 사람을 아는 것은 공자도 어려워 한 일인데 만년에 공자가 깨우친 말로 이 장을 마친다.

視其所以, 觀其所由, 察其所安, 人焉廋哉, 人焉廋哉
시기소이, 관기소유, 찰기소안, 인언수재, 인언수재.

-논어 위정편-

그 행하는 바를 잘 보고, 그 행하는 연유를 잘 살피며
그 안주하는 바를 알면 사람이 어찌 숨길 수 있으리오

일 잘하는 사람은 시키지 않은 일도 잘하고,
일 못하는 사람은 시키지 않은 일을 잘한다.

〈득인得人〉

세종은 정치를 함에 있어서 가장 중요한 것은

인재를 얻는 것이라 했다.

인재를 얻는 방법은 모두 세 가지

천거薦擧 과거科擧 선거選擧

한漢나라의 인재 채용 제도를 이른바 향거리선제鄕擧里選制라고 한다. 전한의 무제 시절에 정립되었는데 쉽게 말해 추천제(薦擧)이다. 추천은 지방관이 하는데 주州와 군/국郡/國의 수령들이 해마다 한 명씩 관할 지역 내 인재를 추천할 수 있었다.

재능이 뛰어나면 수재秀才, 어질고 착하면 현량賢良, 행동거지가 바르면 방정方正, 효성스럽고 청렴하면 효렴孝廉, 바른말을 잘하면 직언直言 등으로 분류하여 추천했다. 그러나 지나치게 세분화되어서 일이 번잡하다 보니 후한시대로 가면서 수재와 효렴만 남게 된다.

참고로 조조曹操는 효렴에 의해 벼슬길에 나선 사람이다.

09
세종대왕의 통치

세종대왕 팔무八無

교만하지도 서두르지도 자랑하지도 않았다

不孝, 不義, 不德, 不和, 不善. 不法. 不聽, 不當

조선이 낳은 세계 역사상 가장 걸출한 통치자 세종대왕! 그 어떤 통치자보다도 백성을 지극히 사랑했던 분! 그분의 통치이념과 국정과제를 그분의 즉위교서卽位敎書와 교지를 통해서 쉽고도 정확하게 살펴보도록 하자.

126   09

■ 세종의 통치이념

첫째: 仁의 왕도정치(시인발정施仁發政) 충녕(세종)은 별안간 세자가 되었고 세자가 된 지 두 달 만(1418년 8월 10일)에 왕이 된다. 비록 만 21세의 젊은 나이에 갑작스럽게 왕위에 오르게 되었지만 충녕은 이미 유학의 사서삼경에 통달했으므로 침착하게 정무를 시작할 수 있었다. 그분의 즉위교서(8월 11일)를 보면, 먼저 선대 부왕의 업적을 높이 찬양하고 이어서 사면령을 내렸고 끝으로 왕도정치를 펴겠노라고 선언하신 것을 알 수 있다.

태조는 홍업을 초창하시고 부왕께서는 큰 사업을 이어 오시매, 삼가고 조심하여 늘 하늘을 공경하고 백성을 사랑하시며(敬天愛民) 충성은 천자에 이르렀고, 효도와 공손함은 신명에 통하여 나라 안팎이 고루 평안하며 창고는 가득 넘쳐나고 왜구들이 복속하니 문치가 융성하고 무위는 떨쳐나며 도리의 큰 원칙을 세우니 세부 요점이 저절로 확장되고 예가 일어나니 악樂이 갖추어지며 깊은 仁과 두터운 혜택은 민심에 흡족하고 높은 공적과 큰 업적은 역사책에 넘치어 승평의 극을 이루었다.

위 즉위교서의 앞부분을 보면 먼저 태조와 태종께서 경천애민敬天愛民과 충성효제를 근본으로 통치하셨으므로 국가의 안녕과 재정이 튼튼함은 물론이요, 예와 악이 홍하여 태평성세에 버금가는 승평치세의 업적을 이루었다고 칭송한 후 이어 사면령을 내리고 마지막에 다음과 같이 왕도정치를 선언하신다.

> 아아! 왕위를 바로잡고 그 처음부터 조심하여 종사의 소중함을 받들고, 仁의 정치를 베풀어(시인발정施仁發政) 땀을 흘려 이루신 은택을 널리 펼쳐나가리라.

여기서 시인발정(=발정시인)은 《맹자孟子》에 나오는 말로 제나라 선왕을 만나서 맹자는 아래와 같이 유세한다.

"왕께서 정치를 베풀어 仁을 펼쳐 보이시면(發政施仁) 천하의 인재와 선비들이 왕의 조정에 몰려들 것이고, 천하의 농민들도 왕의 들판에서 농사를 짓고자 할 것이며, 천하의 장사꾼들도 왕의 영토에서 거래하고자 할 것입니다. 그러면 누가 그것을 막을 수가 있겠습니까. 이것이 왕도정치王道政治라는 것입니다. 백성이 가장 귀하고 사직社稷은 그 다음이며 임금은 가벼울 뿐입니다. 그 이유는 백성이 있은 다음에 천자가 있기 때문입니다. 천자가 있은 다음에 제후가 있고 제후가 있은 다음에 대부가 있는 것입니다."

둘째: 오직 백성을 위한 정치(민유방본民維邦本) 세종의 바른 정치의 두 번째 이념은 "오직 백성이 국가의 근본"이라는 민유방본民維邦本이다. 세종 5년에는 이런 교지를 내려 보내신다.

> 백성은 나라의 근본이며(民維邦本) 근본인 백성이 튼튼해야만
> 나라가 평안하다. 내가 덕이 모자람에도 외람되이 군주가 되었기
> 때문에 오로지 백성을 넉넉히 기르고 다스리는 방법을 절절히 바
> 랐는데...
>
> 세종 5년 07월 03일

셋째: 인재중시 정치(政要得人) 세 번째 통치이념은 인재중시다.
세종은 학문뿐 아니라 직무 능력이 뛰어난 인재의 중요성을 누구보
다도 잘 아셨던 분이다. 세종은 정치의 요결을 인재를 얻는 것으로
보았고 직무에 맞는 사람을 쓰면 모든 일이 다 제대로 잘 풀릴 것이
라고 생각하셨다.

> "바른 정치의 가장 중요한 요체는 사람을 얻는 것이다 (위정지
> 요 득인위최爲政之要 得人爲最). 관리가 직무에 적합하면 모든 일이
> 다 제대로 풀릴 것이다.
>
> 세종 5년 11월 25일

역사를 깊이 연구한 결과, 세종은 주나라의 경대부는 '덕행과 도예
가 깊은 사람'을 높이 대우해 주었고, 한나라는 '향거리선제鄕擧里選製'
라는 천거 방식을 통해 청렴하고 효도하는 인재를 등용하였음을 알
게 되었고 이런 제도를 통해 주나라와 한나라가 덕과 청렴과 효도가
중시되는 사회를 만들 수 있었다고 확신하셨다. 훗날 세종은 또 이렇

게 지시하신다.

> "몸가짐이 방정하고 굳은 절개와 염치가 있는 자와, 세운 마음이 강개하여 직언과 극간을 할 수 있는 자와, 행실이 우뚝하여 고을에 좋은 소문이 난 선비와, 재능이 뛰어나서 보는 사람에게 믿음을 주는 자를 서울에서는 한성부가 지방에서는 감사와 수령이 찾아가 조사하여 직책이 있든지 없든지, 숫자가 많든지 적든지 상관치 말고 낱낱이 그 행적을 국가에 보고하라.
>
> 세종 20년 03월 12일

과거제도를 통해 선비들을 뽑고는 있지만 선비들의 풍속이 자꾸 천박해지고 문장을 화려하게 꾸미는 데에만 치중하니 그런 인재를 과거를 통해 뽑는다 하더라도 참다운 인재는 아니라고 생각하셨다. 보다 참다운 인재를 선발하는 방법에 대해 고민하던 세종은 즉위 2년 후인 1420년에 실질적인 학문연구 기관인 집현전을 설치하신다. 그리고 과거에 의해서가 아니더라도 덕행이나 효행으로 훌륭한 인재가 있으면 과감하게 직책을 주어 활용하셨다.

■ 세종의 국정과제

이런 세 가지 통치이념 아래 세종대왕은 국정과제를 선정하여 시행해 나가는데 그중 대표적인 아홉 가지를 골라서 하나하나 살펴보겠다.

첫째: 농잠업 육성

> 농잠업은 국가 의식衣食의 기본이다. 이제 흉년을 당했으니 더
> 욱 시급하다. 내외 공사를 중단시켰으나 수령들이 내 뜻을 알지
> 못하고 망령된 공사를 일으켜 백성의 농사 시간을 빼앗고 있구나.
> 육조에서 교지가 내려간 것을 제외하고 감히 농민을 사역하는 자
> 가 있으면 감사는 즉시 죄를 묻고 이를 보고하라.

세종은 첫 번째 국정과제를 백성들을 먹이고 입히는 농잠업의 육
성에 두셨다. 농업과 잠업은 당시 국가경제의 기본이요 전부였다. 백
성의 먹고 사는 문제가 걸려 있을 뿐 아니라 국방에도 필수적인 산업
이 농업과 잠업이었다. 특히 자연재해가 자주 발생하던 상황에서 농
잠업은 국가존망이 달린 중대사였으며, 따라서 수령과 관리들은 백
성들이 이에 충실히 전념하도록 지원하고 독려해야 한다는 것이 세
종의 뜻이었다.

우리가 흔히 말하는 태평성세에서 태평이란 무엇을 뜻하는 것일
까? 태평太平이란 큰 평화平和를 이르는 말인데 이 중 和라는 글자가
참 재미있다. '禾'벼화 자 옆에 '口'입구 자를 놓은 글자인데 이 글자의
모양대로라면 태평의 요결은 먹는 문제를 해결해 주는 것이라고 말

할 수 있다.

세종은 이 과제를 매우 잘 풀어서 쌀 생산량이 급격히 늘었고 그 결과 조선은 임진왜란 직전까지 인구가 가파르게 증가했다고 한다. 이후 우리나라 역사에서 이렇게 인구가 단기간 내에 두 배로 증가한 때는 단 한 차례가 더 있었는데 이는 박정희 대통령 통치로 인한 중

총 인구 추이(1980-2070년)   (단위 : 만 명)

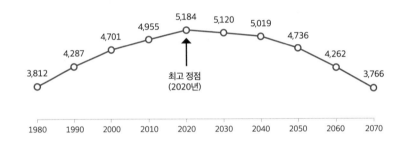

인구성장률(전년대비 인구 증감율, 1961~2070)   (단위 : %)

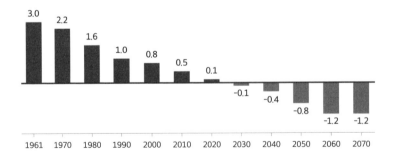

*자료 출처 : 통계청, '장래인구추계:2020~2070년' (2021.12.8), 각 연도별 7월 1일 시점 통계임, 중위추계기준.

가로 대한민국의 인구는 1949년 2,018만 명에서 1985년 4,080만 명으로 증가한 것이라 한다.

6.25 동란을 겪은 후임에도 이렇게 급격히 인구가 증가했다는 사실도 놀라운데 36년이라는 짧은 기간 동안 너무 많이 증가하다 보니 어쩔 수 없어 산아제한까지 했다니 더욱 놀라운 일이다. 참고로 알리자면 우리나라의 인구는 앞의 그림에서 보듯이 2020년에 5,184만 명으로 정점을 찍은 후 점차 감소하고 있다고 한다.

둘째: 교육 진흥

> 학교는 아름다운 풍속風化의 근원이다. 안에는 성균관과 5부 학당을 세우고 밖에는 향교를 세워 권면하고 가르침이 미치지 않는 곳이 없으나 성균관 수학자 수가 가득 차지 못하니 가르치는 사람의 기술이 미치지 못하기 때문인가, 사람들이 다른 좋아하는 것이 있어서 그런 것인가. 학술을 진작하는 방법을 의정부와 육조는 강구하여 보고하라.

세종의 두 번째 국정과제는 교육 진흥을 위한 혁신이었다. 좋은 풍속風俗을 고양시키기 위한 교육이 필요한데 특히 부자간의 효나 부부간의 분별과 같은 전통 가치를 높이기 위한 도덕 교육이 필요하다고 생각했다. 또한 오늘날의 대학교인 성균관의 수강생을 적극 늘리도록 지시하셨다.

셋째: 지방행정 강화

> 수령은 백성과 가까이 있는 직책이니 누구를 선택하느냐가 매우 중요하다. 감사의 일시적인 평가로는 그 진실을 놓칠까 우려되니 지난 30년 동안 각도 각관의 수령들의 업적을 상세히 방문 조사하여 이름과 함께 보고하라.

세종은 세 번째 국정과제를 지방수령을 잘 선임하여 보내는 일에 두었다. 지방관이야말로 백성들과 피부를 맞대고 일하는 사람들이다. 아무리 임금이 잘하려고 하여도 이런 지방관들이 제대로 잘해주지 않으면 정책은 성공할 수가 없다. 지방관의 업적을 수시로 상세히 살펴 옥석을 가리고 신상필벌 하라고 지시하셨다.

넷째: 복지 향상

> 홀아비와 과부와 독자와 독거노인과 병약자들은 당연히 국가가 보살펴야 할 사람들이다. 안으로 한성부와 오부가, 밖으로는 감사수령이 상세히 조사하여 구제해야 할 것이니 그들에게 우선 지급하되 빠뜨림이 없어야 한다. 또 이번 흉년으로 생업을 잃은 사람이 많아 혹 굶는 사람이 있을까 걱정된다. 각관 수령이 만약

진제를 제대로 못하여 한 사람이라도 굶어 죽어 도랑에 버려진다면 반드시 그 행동을 책망하고 벌을 줄 것이다. 가난하여 혼기를 놓친 여자나, 장례를 치를 기간이 지났어도 매장하지 못하는 자는 진실로 가여우니 감사수령이 국고로 지원해서 비용을 보태어 때를 놓침이 없도록 하라. 혹 부모가 동시에 사망하여 친척이 재산 노비를 탐내고 혼인을 못 하게 하는 자는 통렬히 죄를 주라.

네 번째 과제는 소외계층에 대한 복지 향상이었다. 혼자 사는 가난한 자들과 병든 자들은 반드시 국가가 보살펴야 하는 존재들이라 생각하셨다. 여기서 세종의 복지 철학을 읽을 수 있다. 소외계층을 돌보는 것이 왕과 국가의 책무라는 것이었다. 신체적 장애나 혹은 신분적 장애로 어려운 사람은 물론이고 경제적으로 어려워 먹고 사는 것이 힘들며 장례를 치르지 못하거나 혼인을 못 하는 사람들도 국가가 나서서 적극 도와야 한다는 것이 세종이 생각하는 복지였다. 15세기인 당시로서는 참으로 놀라운 통치철학이다!

다섯째: 토지세법 개정

전국의 전·현직 관리는 물론이고 세민(가난하고 비천한 백성)들에게까지 모두 가부를 물어 그 결과를 아뢰도록 하라.

세종 12년 3월 05일

호조에서 서울과 지방의 공법 시행에 관한 찬성과 반대 의견에 대해 아뢰옵니다. 찬성하는 사람은 9만 8657명이며 반대가 7만 4149명입니다.

세종 12년 8월 10일

즉위 12년, 세종은 토지세제 개정을 추진하여 수확량의 10분의 1을 징수하던 기존의 정률방식을 고쳐 토지 1결 당 쌀 10두를 걷는 정액 방식인 공법貢法을 마련하고 3월 5일 국민 찬반 여론조사를 명하여 그해 8월 10일 결과 보고를 받았으니 총 5개월이 소요된 셈이다.

일찍이 이런 형식의 국민 투표는 세계 어느 나라에서도 찾아 볼 수 없었던 진풍경! 사실상 전국의 모든 농가의 호주戶主를 대상으로 한 이 초유의 여론조사에서 비록 찬성이 우세하게 나왔음에도 세종은 몇몇 중신들의 반대가 있자 이를 재차 공론화함은 물론, 과거 시험 문제 출제를 통한 보완책 수렴과 시범 사업 시행 등의 과정을 거친 후 무려 14년이 지난 1444년에 가서야 확정 시행하게 되는데, 이는 세계적으로 최장기 논의와 토론을 거친 입법에 해당된다고 한다. 이와 같은 백성을 위한 세종의 개혁에 대한 집념과 소신, 인내와 끈기, 절차적 정당성을 확보하려는 노력이야말로 동서고금의 어떤 지도자와도 비교하기 어려운 세종만의 위대함이며 이는 오늘날에도 정부가 민생 관련 중요 개혁을 추진함에 있어서 반드시 모본으로 삼아야 할 사례이다.

<여론조사 유감>

子曰 不在其位 不謀其政
자왈 부재기위 불모기정   -논어 태백편-
그 지위에 있지 않으면 그 정사를 모의하지 말라

언제부터인가? 우리는 전문가들이 모여서 심사숙고해서 결정해야만 할 중요 국가 시책조차도 이를 결정하고자 할 때 여론을 묻기 시작했다. 위원회다 공청회다 평가단이다 사업성 검토다 실상은 형식적인 절차일 경우가 많다. 결론은 미리 다 정해놓고서 자신들의 입맛에 맞는 자들을 골라서 통과의례로 명분만 세우고자 하여 혈세 낭비에 시간 낭비만 하는 사례도 많다고 한다. 더욱 큰 문제는 국가 기밀로 은밀하게 추진해야 할 사안임에도 국민의 알권리를 내세운 언론의 무분별한 취재 욕 앞에 기밀도 없고 나아가 사공이 많아진 이 나라의 정책은 산으로 갈 때가 많다는 것이다.

원전을 지어야 하는지 말아야 하는지 백성이 어찌 알겠는가?
사드를 배치하는 것이 좋을지 나쁠지 백성이 어찌 알겠는가?

여섯째: 사법정의 실현

탐관오리가 국가 세금이나 사신 접대나 국가 공사를 핑계로 법을 어기고 가혹하게 걷어 백성의 생활에 해를 끼침에도 불구하고 감사가 제대로 사실을 조사하지 못함은 물론, 오히려 그것을 최고의 실적으로 잘못 평가하는 것은 진실로 능력에 따라 평가한다는 출척黜陟(평가에 따라 관직을 삭탈 또는 올려 줌)의 취지에 어긋나는 것이다. 이제부터는 정밀하게 조사 단속하여 백성의 삶을 두텁게 해야 할 것이다. 각관 수령이 혹 일시적 사적인 분노로 무거운 형벌을 가하거나 무고한 백성에게 채찍으로 벌을 주어 화기를 상하게 하면 감사는 내가 이미 내린 교지에 따라 거행하여 형벌을 남용하지 못하도록 하라.

여섯째 국정과제는 관권남용의 척결과 사법정의 실현이었다. 세종은 지방관들을 철저히 감독하고 권력남용을 방지하는 책임을 감사에게 부여하셨다. 여기에는 분명한 목표가 설정되어 있었던바 즉, 부정부패 척결 혹은 사법정의의 목표가 당리당략이 아닌 백성을 위한 것이어야 한다는 점이다. 백성의 삶과 직결되는 부문에서의 사법정의를 세우는 것이 세종의 중요한 정책과제였다.

일곱째: 감찰 강화

지방 원로, 지방 관리, 질 나쁜 아전들이 수령을 농간하여 백성을 좀먹듯 함으로써 수령을 한통속으로 만들었음에도 불구하고 능력 있다고 잘못 신임하여 그들 말만 믿고 일마다 위임하는 자가

> 흔히 있으니, 이제부터는 수령으로서 직접 업무를 보지 않고 아전
> 이나 품관들에게 위임하는 자는 감사가 엄격히 규찰하고 그 명단
> 을 보고하라.

이때만 해도 현지 정치에 별로 관심이 없는 지방관들이 많았다. 특히 중앙의 관리로 있다가 의무적으로 지방에 발령이 난 사람들은 하루빨리 서울로 돌아갈 날만 기다릴 뿐 현지의 정치는 모두 아래의 아전들이나 향리들에게 맡겨 버렸으니, 이런 수령들 밑에서 아전들은 대개 백성을 착취하고 가혹한 형벌을 내림으로써 원성을 사는 경우가 많았다. 세종은 감사들에게 철저한 감독과 보고를 명령하셨다.

여덟째: 미풍양속 고양

> 의로운 남편과 절개를 지킨 부인과 효자순손은 그 의로움이 남
> 다름을 보여야 할 것이므로 널리 방문하여 모든 실적을 알리고 보
> 고하여 장려하고 표창해야 할 것이다. 전쟁에서 사망한 자의 자손
> 들이 살고 있는 곳의 수령은 요역을 면제해주고 특별히 보살펴야
> 할 것이며 재능이 있는 자는 보고하여 서용敍用(죄를 지어 관직이
> 박탈되었던 사람을 다시 등용함)하도록 하라.

여덟째 국정과제는 건강한 가정과 건강한 사회를 만들기 위한 미풍양속의 장려다. 의부절부효자순손과 애국충정의 좋은 행적을 널

리 알리고 표창하겠다고 선포하셨다. 국운國運을 일으키는 가장 좋은 방법은 예나 지금이나 건전한 가정을 일으켜 세우는 것! '의부절부(의로운 남편과 절개를 지킨 부인)와 효자순손'은 건전한 가정의 근간이다. 전몰 가족을 챙긴 것도 참으로 놀랍다.

아홉째: 인재 발굴

> 재능이 있고 도를 품고 있으나 초야에 묻혀 영달을 구하지 않는 선비가 있을 것이다. 내 장차 이들을 불러 자문을 위하여 임명하고자 하니 감사는 두루 살펴 찾아보고 명단을 보고하라.

정치의 요결이 인재에 있음을 잘 아셨던 세종은 은둔 중인 인재들까지 발굴하여 쓰시겠다는 생각을 밝히셨다. 임금인 자신에게 가까이 있는 인재뿐만 아니라 재능과 도를 품고서 권력에 초연하여 초야에 숨어 있는(회재포도 은어초래懷才抱道 隱於草萊) 인재들까지도 널리 찾아서 쓰시겠단 뜻이었다. 실제로 중대한 국사가 발생할 때마다 세종은 전국에 숨어 지내는 여러 현사들을 찾아 자문을 구했고 그것을 국정에 반영하셨다고 한다. 이상에서 살펴본 세종의 즉위교서 전문과 통치이념과 국정과제의 제목을 발췌하여 실으니 참고하기 바란다.

〈세종의 즉위교서〉

태조는 홍업을 초창하시고 부왕께서는 큰 사업을 이어 오시매, 삼
가고 조심하여 늘 하늘을 공경하고 백성을 사랑하시며(敬天愛民)
충성은 천자에 이르렀고, 효도와 공손함은 신명에 통하여 나라 안
팎이 고루 평안하며 창고는 가득 넘쳐나고 왜구들이 복속하니 문
치가 융성하고 무위는 떨쳐나며, 도리의 큰 원칙을 세우니 세부 요
점이 저절로 확장되고 예가 일어나니 악樂이 갖추어지며 깊은 仁
과 두터운 혜택은 민심에 흡족하고, 높은 공적과 큰 업적은 역사책
에 넘치어, 승평의 극을 이루어 이에 20년이 되었도다.

그런데 근자에 오랜 병환으로 귀담아 듣기에도 가쁘셔서 나에게
명하여 왕위를 계승케 하셨노라. 나는 학문이 얕고 거칠며, 나이
어리어 일에 경력이 없으므로 재삼 사양했으나, 끝내 윤허를 얻지
못하여, 이에 무술년 9월 9일에 경복궁 근정전에서 왕위에 나아가,
백관의 경하를 받고, 부왕을 상왕으로 높이고 모후를 대비로 높이
는도다. 일체의 제도는 모두 태조와 우리 부왕께서 이루어 놓으신
법도를 따라 할 것이며, 아무런 변경이 없을 것이노라.

그리고 이 거룩한 의례에 부쳐서 마땅히 너그러이 사면을 선포하
노니, 무술년 9월 9일 이전의 사건은 모반 대역죄나 조부모나 부모
를 때리거나 죽이거나, 처첩이 남편을 죽인 것, 노비가 주인을 죽
인 것, 독약이나 귀신에게 저주하게 하여 고의로 사람을 죽인 것,

강도 등을 제하고, 이 외에는 이미 발각이 된 것이거나 안 된 것이거나 이미 판결된 것이거나 안 된 것이거나, 모두 용서하되, 감히 이 사면의 특지를 내리기 이전의 일로 고발하는 자가 있으면, 그 사람을 죄로 다스릴 것이니라. 아아, 왕위를 바로잡고 그 처음부터 조심하여, 종사의 소중함을 받들고 仁의 정치를 베풀어(시인발정 施仁發政) 땀을 흘려 이루신 은택을 널리 펼쳐 나가리라.

-세종의 통치이념-

첫째: 왕도정치(시인발정施仁發政)

둘째: 위민정치(민유방본民惟邦本)

셋째: 인재정치(정요득인政要得人)

-세종의 국정과제-

1. 농잠장려   2. 교육진흥   3. 행정쇄신

4. 복지향상   5. 세제개혁   6. 사법정의

7. 감찰강화   8. 풍속고양   9. 인재발굴

세계 역사상 유례를 찾아볼 수 없는 성군聖君! 불철주야 노심초사하시며 친부모 이상으로 백성을 사랑했던 통치자 세종대왕!

天子作民父母 以爲天下王

천자작민부모 이위천하왕

천자가 백성의 부모가 되니
이로써 천하의 왕이 되도다

한글 창제로부터 집현전 운영, 서적 편찬, 사가독서제賜暇讀書制, 노비 출산휴가제, 왕가재산 축소, 아악 정리, 과학의 발전, 육진개척 영토 확장 등 오로지 나라와 백성을 위하는 마음으로 시행한 이분의 탁월한 정사政事와 업적들까지 더 살펴보면 좋겠지만 이만 줄이고 이분의 시호詩號 해설로 가늠한다.

莊憲英文睿武仁聖明孝大王 장헌영문예무인성명효대왕

조선의 제4대 국왕의 묘호는 세종世宗, 시호는 장헌영문예무인성명효대왕이다. 여기서 묘호란 종묘의 신위에 붙이는 이름이고, 시호란 서거 후에 공적을 기리기 위해 바치는 이름을 말한다.

장헌은 법적으로 공정하고 엄격하다, 영문과 예무는 학문과 무예가 뛰어나다, 인성은 백성을 사랑함이 성인 같다, 명효는 효성스럽다는 뜻이다. 따라서 세종대왕은 법치를 잘하셨고(義) 문무 겸전하셨으며(智) 백성을 사랑하기는 성인과 같았고(仁) 효성이 지극하였으며(孝) 하늘과 땅과 사람을 하나로 묶은 대왕이셨다(禮·信)는 뜻이다. 다시 말해서 오상五常을 두루 갖춘 인자仁者요 군자君子셨다는 뜻이다.

　명나라조차도 해동요순이라 우러른 분! 참으로 세종대왕께서는 공자의 가르침을 완벽하게 실현한 군자로서 모든 대통령과 모든 리더의 모본이 되셔야 하며, 온 세계에 널리 선양하고 자손만대에 우러를 위대한 통치자의 표상이다!

신하가 고달파야 백성이 편안하다

▶ 명재상 황희는 청백리가 되고 싶어서 된 것이 아니란다. 왕이 사람을 붙여 너무도 기분 나쁘게 감시하는 바람에 "내 참 더러워서 뇌물 먹지 않으리라" 결심한 케이스란다.

▶ 훈민정음 반포 축하연에 집현전 학사 절반이 참석 못 하는데 새벽 4시 상참부터 과업 달성이 부진한 부하는 닦달을 해서 대부분 건강이 좋지 않아 참석 못 했다고 한다.

▶ 김종서는 임금 곁에 있다가는 제 명에 못 죽을 것 같아서 삭풍이 몰아치는 북방을 개척하겠다고 스스로 나섰단다.

▶ 정인지는 세종에게 혹사당하다가 모친상이 나자 홀가분하게 낙향하나 세종은 법령까지 바꿔서 잡아 올려 일을 시킨다.

이상은 야사野史에 나오는 이야기지만 실록을 보더라도 세종은 5시간 수면을 제외하고는 업무에 정성을 다했다고 한다. 54세까지의 생애가 애민愛民과 덕화德化의 삶이었다.

10

화합의 정치

극기복례克己復禮란?　　　　-畏天-

禮之用和爲貴: 예의 용도 중 귀함은 화합에 있다

예란? 보다 많은 사람의 편리를 위한 개인의 작은 양보이고

예란? 보다 많은 사람의 안전을 위한 개인의 작은 배려이며

예란? 보다 많은 사람의 격조를 위한 개인의 작은 절제이며

예란? 보다 많은 사람의 행복을 위한 개인의 작은 희생이다

우리가 유학의 예禮 하면 매우 까다롭고 실천하기 번거로운 것으로
생각하는데 이는 조선 중기 이후부터 유교가 번문욕례繁文縟禮(지나
치게 번거로운 의식이나 예법)에 빠진 때문이다. 본래 공자는 예의
본질은 검약과 질서요 이 질서는 상하좌우의 화목을 위한 것이라고

가르쳤다. 논어 학이편 12장에도 옛 훌륭한 왕들의 통치가 아름다움은 예를 화목을 위해 소중히 썼기 때문이라고 했다.

뒤돌아보면 대한민국의 정치사는 결코 순탄치 않았다. 대한민국의 대통령? 한 분 망명, 한 분 암살, 한 분 자살, 네 분 감옥! 역대 열세 분 대통령 중 과반이 넘는 일곱 분이 이렇게 되셨다. 그 이유는 대통령 본인에게도 있고 그 후임자들에게도 있다고 본다. 만인지상의 자리에 앉아보면 가장 힘든 것이 자기 통제일 것이다. 어느 왕이나 어느 대통령 할 것 없이 법을 넘고 싶은 유혹에 빠지는 것 같다. 이 유혹에 넘어가 헌법을 개정하려 들거나 법을 어기게 된 통치자들은 대부분 그 말로가 순탄치 않게 된 것이 정치사 아닌가. 그럼에도 불구하고 역사에서 배우기는커녕 오늘 날의 정치판은 점점 더 무질서와 갈등과 천박함으로 치닫고 있으니 참으로 걱정이다. 이 나라 정치에서 질서와 화목과 격조를 회복하고 나아가 보복의 악순환을 끊기를 원한다면 하루라도 빨리 무너진 예禮를 바로 세워야 한다. 여기서 예란 극기와 화목을 말한다.

우리 정치사에서 보복의 악순환을 끊기 위해서는 잠시 눈을 돌려 중국을 볼 필요가 있다. 우리가 잘 아는 중국 개혁개방의 기수 등소평은 모택동에 의해 대약진운동과 문화대혁명 중에 3번이나 실각을 당했고 목숨까지 위태로운 형편에 처하기도 했으며, 그의 장남 등북방은 문화대혁명 때 고문을 견디다 못해 3층 건물에서 뛰어내리다가

하반신 불구자가 되어 버렸다. 이런 핍박과 고난의 개인사를 안고 있는 등소평이 지난 1981년 중국의 중앙군사위원회 주석 직에 오르면서 13억 인구의 최고 통치자가 되자 보복을 부추기듯 모택동 격하운동이 전국에서 들불처럼 일어났지만 등소평은 문화대혁명의 주모자인 강청 등 4인방을 처벌하는 선에서 끝을 내고 모택동의 비난에 대해서는 그 유명한 공칠과삼功七過三이라는 말로 일단락 지었다.

나아가 그는 반대파에 대한 숙청이라는 악순환의 고리를 끊고 10년마다 평화적으로 정권교체를 하는 이른바 집단지도체제를 완성하게 되는데, 그 발단이 되었던 팔라치의 등소평 인터뷰 기사를 살펴보면서 우리 또한 정치적 보복의 유혹을 어떻게 떨쳐야 하는지, 극기의 거인 등소평의 포용력과 지혜, 인내와 결단 등을 교훈삼아 배워 보도록 하자. 아래는 1976년 모택동 서거 후 약 4년이 지난 시점인 1980년에 있었던 인터뷰 중 발췌한 것이다.

오리아나 팔라치는 세계적인 권력자들과의 도전적인 인터뷰로 유명한 이탈리아의 여류 저술가다. 그녀는 인터뷰 도중 상대방에게 대들기도 하고 난폭한 행위를 유발하기도 한다. 중국 지도자 덩샤오핑(鄧小平)과 마주앉았을 때였다. 싫어하는 질문을 던지자 그의 언성이 높아졌다. "당신 아버지께도 그렇게 할 거요?" 팔라치는 "물론이죠"라고 대답했다. 이어지는 문답. "아버지께 그렇게 한 적이 있소?" "예." "그래, 아버지께서 당신 따귀를 때렸나요?" "지금

내 따귀를 때리고 싶은 거죠? 때리세요. 여기다 그대로 적을 테니까." 덩샤오핑은 "허"하고 웃고 말았다.

팔라치의 등소평 인터뷰   1980년

팔라치 : "천안문 위의 마오쩌둥 초상은 계속 그곳에 놓아 둘 생각인가요?"

덩샤오핑 : "계속 그럴 생각입니다. 과거에는 마오 주석의 초상이 너무 많았고 어디에나 걸려 있었는데 이건 적절하지 않았고 오히려 덕분에 마오 주석에 대한 존경심아 사라질 정도였어요. 그래도 마오 주석이 일정 기간 동안 실수를 좀 한 것은 사실이지만 그는 분명 중국 공산당과 중화인민공화국의 중요한 창립자임에 분명하지요. 우리가 그의 공과를 논할 때 그의 실수는 부차적인 것에 불과하지만 그가 중국인들을 위해 한 일은 결코 지워질 수 없답니다. 우리 중국인들은 항상 마음속에서 그를 당과 국가의 창시자로 소중하게 여길 생각입니다."

<등소평의 이승만 가상 평가>

"그래도 마오 주석이 일정기간 동안 실수를 좀 한 것은 사실이지만 그는 분명 중국 공산당과 중화인민공화국의 중요한 창립자임에 분명하지요. 우리가 그의 공과를 논할 때 그의 실수는 부차적인 것에 불과하지만 그가 중국인들을 위해 한 일은 결코 지워질

수 없답니다. 우리 중국인들은 항상 마음속에서 그를 당과 국가의
창시자로 소중하게 여길 생각 입니다."

"모택동에게 먹칠한다면 우리국가,
우리 공산당에 먹칠하는 것과 다름없다.
이것은 역사 사실을 위반하는 것이다!"

"이승만에게 먹칠한다면 우리나라,
자유 대한민국에 먹칠하는 것과 다름없다.
이것은 역사 사실을 위반하는 것이다!"

"그래도 이승만 대통령이 80세 넘어 실수를 좀 한 것은 사실이
지만 그는 분명 일제로부터의 해방을 주도했으며 대한민국의 중
요한 창립자임에 분명하지요. 우리가 그의 공과를 논할 때 그의
실수는 부차적인 것에 불과하지만 그가 한국인들을 위해 한 일은
결코 지워질 수 없답니다. 우리 한국인들은 항상 마음속에 그를
자유대한민국의 창시자로 소중히 여길 생각입니다."

팔라치 : "우리 서방인들이 보기에는 이해하기 어려운 점이 있는
데, 4인방은 그 악행으로 모든 비난을 받지만 실제로는 마오쩌둥을
넣어 다섯 명이 같이 비난받아야 하는 것 아닙니까?"

덩샤오핑 : "마오 주석의 실수와 린뱌오와 4인방의 잘못에 관해서는 명확하게 구분되어야만 합니다. 마오 주석은 삶의 대부분 동안 아주 좋은 일을 많이 했고 당과 국가를 여러 차례 위기에서 구해냈어요. 그가 없었더라면 중국인들은 여전히 어둠 속을 엉금엉금 더듬으며 많은 시간을 보냈을 겁니다.

그렇지만 아주 불행하게도 마오 주석의 인생의 늦은 끝자락인 '문혁' 기간 동안 실수를 저질렀고, 이 실수는 결코 작은 실수는 아니었답니다. 이 실수는 우리 당, 우리 국민, 우리나라에 큰 아픔을 가져왔었지요. 승리는 마오 주석을 다소 덜 신중하게 만들어 버렸고, 그의 인생 말년에 좌파적인 불건전한 생각들이 노출되어 버렸습니다.

이 무렵 마오 주석은 점점 현실과 유리되어버렸지요. 현실감이 떨어진 겁니다. 그의 훌륭했던 정무감각도 이때는 찾아볼 수 없었습니다. 민주적인 중앙집권과 대중노선을 말처럼 실천하지도 못했고 그가 살아있던 생전에 이를 제도화하는 데도 실패하고 말았지요. 이것은 마오 주석의 책임만은 아니고, 나를 비롯한 기존의 늙은 혁명가들 전부가 책임을 져야 할 일이라고 생각합니다. 우리 당과 국가의 정치는 여러 면에서 엉망이었고, 가부장적인 악습이나 개인에 대한 미화가 만연하던 판이었습니다. 일상의 정치 생활은 건강하지 못했고, 결국 이러한 점이 '문혁'으로 이어졌는데 큰 실수였다고밖에 할 수 없을 겁니다."

팔라치 : "당신은 마오가 말년에 건강이 좋지 못했다고 이야기했는데, 정작 류사오치가 체포되고 죽을 당시 마오의 건강은 그리 나쁘지 않았다고 압니다만. 그리고 그 외에도 설명해야 할 다른 실수들이 있습니다. 대약진운동은 실수가 아니었나요? 소련의 모델을 베끼는 것은 실수가 아니었습니까? 그리고 마오 주석은 '문혁'을 통해 진정으로 무엇을 원했을까요?"

덩샤오핑 : "분명 실수는 50년대 후반부터 이미 일어나고 있었던 게 맞습니다. 예를 들어, 대약진 운동이 그러하겠지요. 그러나 이 역시 단지 마오 주석의 실수만은 아니고, 주위 사람들 모두가 정신을 차리지 못한 탓도 있습니다. 우리는 객관적인 법칙을 완전히 위배하여 경제 활성화를 급하게 시도했고, 이 때문에 크나큰 손실을 겪었습니다. 확실히 대약진 운동의 책임에서 마오 주석은 자유롭지 않지만, 그러나 그는 오래지 않아 실수를 깨달았고 - 우리보다 먼저 말입니다. 그는 또한 여러 수정을 제안했습니다. 그러나 교훈을 완벽하게 얻진 못했고, 그 결과가 바로 '문혁'이었던 게지요. 마오 주석은 실정에 대해 잘못된 평가를 내렸고, 애초에 혁명의 목적 자체가 잘못 정의되어 당에서 색출 작업이 이뤄졌습니다. 류사오치 동지를 비롯해 혁명에 기여하고 경험이 풍부한 모든 계층의 지도자들에게 타격이 가해지고 말았지요.

죽기 전 몇 년 동안 마오 주석은 '문혁은 두 가지 면에서 잘못되었다'고 말하곤 했습니다. 하나는 '모든 것을 팽개쳐 버렸다'는 것이고, 또 다른 하나는 '전면적인 내전'을 펼치고 있다는 점이었지요. 사실 이 두 가지 부분만으로도 문혁이 좋지 못했다는 걸 충분히 알 수 있을 겁니다. 마오 주석의 정치적 실수는 분명 작은 실수는 아니었지만, 권력을 찬탈하려는 음모를 꾸몄던 린뱌오와 4인방의 두 반혁명 파벌에 의해 이용된 점도 없지 않습니다. 따라서 우리는 마오 주석의 잘못과 린뱌오와 4인방의 범죄적 행위 사이에 선을 그을 필요가 있습니다."

팔라치 : "하지만 우리 모두는 린뱌오를 후계자로 선택한 것이 마오 주석 자신이라는 걸 알고 있습니다. 흡사 황제가 후계자를 고른 것 같은 방식으로 말입니다."

덩샤오핑 : "바로 그것이 제가 방금 전 말한 잘못된 행동 방식이라 할 수 있겠지요. 지도자가 자신의 후계자를 스스로 뽑는 건 봉건적인 방식입니다. 그런 사태가 제가 조금 전에 이야기한 우리들 제도의 한 결함을 보여주는 장면입니다."

팔라치 : "차기 당대표회의를 열 때 마오 주석에 대한 어떤 영향이 있겠습니까?"

덩샤오핑 : "우리는 마오 주석의 공과 실에 대해서 객관적으로 평

가할 생각입니다. 일차적으로 공적을 평가하고, 이차적으로 실책을 확인하려 합니다. 그가 말년에 저지른 실수에 대해 우리는 실사구시적 입장으로 평가하겠지만, 마오쩌둥 사상의 올바른 면에 대해서는 여전히 이를 고수하겠습니다.

마오쩌둥 사상은 과거 혁명에서 우리를 승리로 이끌었을 뿐만 아니라, 중국 공산당과 우리 국가의 소중한 소유물이기도 하니까요. 그래서 우리는 영원히 마오 주석의 초상화를 천안문 광장 위에 우리나라의 상징으로 간직할 터이고, 그를 우리 당과 국가의 창시자로 기억할 것입니다. 우리는 마오쩌둥 사상을 고수할 것입니다. 우리는 흐루쇼프가 스탈린에게 한 짓을 결코 마오 주석에게 하지 않을 것입니다."

팔라치 : "마오 주석은 당신이 자신의 말을 순순히 듣지 않는다고 자주 불만을 토로했고, 당신을 아주 싫어한다고 했다던데 그건 사실인지요?"

덩샤오핑 : "맞아요, 그랬었지요. 마오 주석은 내가 자신의 말을 듣지 않는다고 불평하곤 했었습니다. 그런데 이건 나만을 향한 건 아니고, 다른 지도자 간부들에게도 마찬가지였어요. 이 점은 마오 주석의 말년에 있던 좋지 못했던 생각들, 즉 봉건적인 방식이었다 할 수 있겠습니다.

말년의 그는 다른 의견을 들으려고 하질 않았어요. 하지만 그는 비단 나뿐만 아니라 다른 동지들이 제기했던 많은 올바른 의문과 의견을 들을 준비가 되어 있지 않았어요. 때문에 민주적인 중앙집권주의가 훼손되고, 집단지도체제도 엉망이 되었습니다. 그렇잖으면 문혁이 어찌해서 일어났는지, 어째서 그렇게 되었는지 설명하기 어렵겠지요."

팔라치 : "중국에는 언제나 상처를 입지 않고 살아남는 사람이 한 명 있었는데, 바로 저우언라이 총리였습니다. 어째서 이게 가능했을까요?"

덩샤오핑 : "저우 총리는 한평생을 열심히 일했던 사람입니다. 그는 일생동안 하루에 12시간에서 16시간을 늘 일했답니다. 우리는 서로 꽤 일찍 알게 되었는데, 1920년대에 우리가 프랑스에 있었을 때 공부를 하면서 알게 되었지요. 전 항상 그를 형님으로 생각했습니다. 우리는 거의 동시에 같이 혁명의 길을 택했었습니다.

그는 전우들과 모든 국민으로부터 항상 많은 존경을 받았습니다. 그리고 문혁에서도 살아남았습니다. 당시 저우 총리는 매우 어려운 처지에 몰려 있었고, 하지 말았으면 하는 몇 가지 언행을 하기야 했었지요. 그러나 이미 국민들은 그를 용서했습니다. 왜냐하면, 저우 총리가 그런 말을 하지 않았다면 그 자신이 살아남을 수도 없었을 테고, 그가 했던 문혁의 문제점을 중화시키는 일을 할 사람도 없었을 테니 말입니다. 저우 총리가 그리 했기에 그는 살아남아 많은 사람들을 보호할 수 있었지요." (이후 생략)

등소평의 큰 국량과 바른 역사의식과 애국심을 배우자!

이제는 전임 대통령에 대한 보복은 멈춰야 할 때!
정치를 전쟁 아닌 문화로 함께 승화시켜야 할 때!

※ 단. 북한이 공산당을 기반으로 하는 김일성 세습 독제체제를 견지하고 있는 한 헌법에 정한 자유민주주의 체제를 부정하거나 이를 사회주의나 공산주의로 전복시키려는 세력들에게는 무관용, 발본색원해야 할 것이다! 이유는 대한민국은 아직 휴전休戰 중인 나라이기 때문이다.

세종의 큰 정치

부왕 태종 사후, 장인 심온의 옥사 재수사를 통해 정국이 요동치리라는 예상과는 달리 세종은 일체의 정치 보복을 하지 않았다. 옥사에 가장 적극적으로 참여했던 박은은 태종이 사망하기 직전에 병사했는데 사후 관직 박탈과 같은 처벌을 전혀 받지 않았다. 또한 심온에게 억지 자복을 받아내고 심온 일가의 처벌뿐만 아니라 소헌왕후의 폐비까지 주장했던 유정현도 계속 좌의정으로 일하며 국가의 재정 분야의 일을 하면서 궤장까지 받는 명예를 얻었으며 72세가 되어서야 은퇴해서 곧 자연사했다. 그뿐이 아니다. 황희의 경우도 보면 그가 자신의 세자 책봉을 완강히 반대했던 인물이었으나 왕위에 오른 세종은 그를 좌천시키기는커녕 마치 그 일이 없었던 것처럼 황희를 중용하고 백성을 위해 최장수 영의정으로 부려먹었다.

그렇다면 세종은 왜 복복하지 않았을까? 아마도 보복이 곧 선대왕 태종의 얼굴에 먹칠하는 것이기 때문이며, 또한 보복이 자신을 위한 것은 될지언정 백성을 위한 것은 아니기 때문일 것이다!

정의란 무엇인가

이성: 진위眞僞, 선악善惡을 식별하여 바르게 판단하는 능력

이성은 과연 선악을 구별할 수 있는가? 이성이 있는 인간들이 서로가 정의를 내걸고 짐승처럼 싸운 1,2차 세계대전을 겪고 난 후에는 이 이성에 대한 철학자들의 믿음이 무너지고 만다. 신을 외면한 인간의 이성에 맹점盲點이 있다는 것을 발견한 것이다. 그런데도 정의를 지킨다는 신념에 사로잡힌 인간들은 여전히 서로 싸운다. 이쯤에서 정의사회구현을 부르짖으며 세상 정치에 참여하는 성직자들께 묻고 싶다.

정의란 무엇인가? 인간은 정의를 분별할 수 있는가? 인간이 세상에 정의를 구현할 수 있는가? 교회의 성직은 세상의 정의를 구현하는 직분인가? 로마 교황청이 지배한 중세를 왜 암흑기라 하는가?

자신이 그린 성당 벽화를 고치라고 강요하는 교황에게 미켈란젤로가 말한다. "성하께서는 교회나 바로잡으시지요. 그러면 나머지는 다 잘될 겁니다."

문제는 인간의 이성이 종종 진위나 선악을 식별하지 못한다는데 있다.
정의正義의 정의正意조차 정의定義 할 수 없는 인간들이

정의正義를 위한답시고 싸울 때에는 이성은 자주 눈을 감아 버린다.

이성이 돈과 명예와 권력을 밝히는 이기심의 노예가 되기 때문이다.

노동자 농민이 통치하는 사회를 위해서라면 폭력도 써야 한다는 것이 마르크스와 그 추종자들의 생각이다. 그들은 자신들이 정의라고 믿는다.

이성적이다!

11

남북통일?

《손자병법孫子兵法》

손자병법은 예로부터 병법의 성전聖典으로서 많은 무장들에게 읽혀졌을 뿐만 아니라, 국가 경영의 요지와 인사의 성패 등에도 비범한 견해를 보이고 있어 통치자들에게도 존중되었으며 조선시대에는 한때 역관 과거 초시의 교재로 삼기도 하였다. 본서의 저자는 춘추시대 오나라 합려를 섬기던 명장 손무孫武(BC 6세기경)이며, 그를 손자孫子라 칭한다. 성姓에다가 이름 대신 子를 붙여 호칭함은 그분을 스승으로 높이는 것이다. 현재 전해지는 것은 13편으로 이것은 당초의 것이 아니고, 삼국시대 위나라의 조조가 82편 중에서 번잡한 것은 제하고 정수만을 추려 13편 2책으로 만들었다고 전해진다.

이승만 대통령께서 미국과의 동맹을 통해 신생 대한민국의 안보를 굳건히 하고자 했을 때, 당초에 미국은 한미상호수호조약을 달가워하지 않았다고 한다. 그 이유는 조선은 항상 이웃 국가와 다투는 나라라 자칫하다가는 제3차 세계대전의 도화선이 되지 않을까 염려해서였단다. 이제는 반일反日도 반중反中도 반미反美도 멈춰야 할 때이다. 이것은 결코 현명한 외교가 될 수 없고 더더욱 표몰이의 수단이 되어서도 안 된다고 본다. 극일克日과 화중和中으로 바꾸고 맹미盟美로 더욱 결속해야 대한민국의 미래가 있다. 이를 위해 병가지존兵家至尊 손자孫子의 지혜를 잘 활용해야 할 것이다. 트로이는 왜 멸망했나? 잘 아시다시피 수많은 군사들의 힘이 아니라 목마에 의해서이다. 목마의 계책은 아타카의 왕이자 책략가인 오디세우스가 냈다. 그는 궤도를 잘 활용한 리더였다. 기성자도 그랬다.

〈기성자의 궤도〉

닭이 교만하여 자신이 최고인 줄로만 압니다.

상대방의 소리와 그림자에 쉽게 반응합니다.

공격하려는 의도가 눈초리에서 드러납니다.

능력을 속이고! 성격을 바꾸고! 의도를 숨기고!

'병자궤도야兵者詭道也' 손자孫子의 통찰이다! 많은 사람들이 이 문장을 '전쟁이란 속이는 것이다.'라고 해석하지만 이보다는 그냥 '전쟁이란 궤도다.'라고 말하는 것이 더 바람직하다. 왜냐면 전쟁에서 속이는 것만이 능사가 아니기 때문이다. 궤詭란 단어는 속이는 것 말고도 여러 가지 의미를 함축하고 있는데 이 궤를 굳이 세 가지로 줄인다면 '속이고 바꾸고 숨기고'라 함이 좋다고 본다.

詭道

속이는 법   바꾸는 법   숨기는 법

중국(난폭한 불곰)과 일본(약은 원숭이)과 러시아(음흉한 북극곰)와 미국(매서운 독수리) 등 4강의 이해가 한데 몰린 한반도, 이들 열강의 각축장이 된 대한민국. 이 나라의 대통령이라면 이들의 야욕에 잘 대처하기 위해서 반드시 손자병법을 읽고 익혀 둘 필요가 있다! 그래야 열강과의 외교전쟁, 경제전쟁에 현명하게 대처할 수 있을 것이다. 다 읽을 시간이 없다면 적어도 '병자궤도야'라는 손자의 통찰이라도 알아야 한다.

> **통치자의 필독서 손자병법**
>
> 《손자병법》은 중국뿐만 아니라 서양에서도 그 진가가 높이 평가되었다. 프랑스의 영웅 나폴레옹의 애독서였으며, 독일 황제 빌헬름 2세는 제1차 세계대전 패전 후에야 손자병법을 읽고 "이 책은 20년 전에 읽었어야 할 책이다"라고 술회했다고 한다.

아시다시피 손자병법의 첫 편은 시계편인데 여기서 손자는 궤도

11

의 실체인 14변變을 제시해 놓았다. 역사상 승리한 모든 전투가 이 14변을 잘 활용해서 거둔 승리였다고 해도 과언이 아닐 것이다. 참으로 유용하고도 명쾌한 술책이다. 이 14변을 이제 속이고, 바꾸고, 숨기는 세 가지 궤도로 나누어 설명하겠다. 대통령뿐 아니라 이 나라의 외교를 담당하신 분들도 그렇고 기업의 리더 되시는 분들도 부디 이 술책을 배우고 익혀서 잘 활용하기를 바란다.

첫째: 속이는 술책 네 가지다. 능력과 병력과 무기들의 있고 없음과 그 쓰는 시간과 공간까지도 속이는 술책이다.

> 01. 能而示之不能능이시지불능   능력이 있으면서 없는 것처럼
> 02. 用而示之不用용이시지불용   쓸 수 있으나 쓸 수 없는 것처럼
> 03. 近而視之遠근이시지원(시간) 임박했으나 오래 걸릴 것처럼
> 04. 遠而示之近원이시지근(공간) 멀리 있지만 근처에 있는 것처럼

둘째: 바꾸는 술책 여덟 가지다. 소극적인 적, 안정적인 적, 견실한 적, 막강한 적, 서두르지 않는 적, 교만 떨지 않는 적, 편안한 적, 동맹한 적, 이런 적을 만났을 때 겁먹거나 포기하지 않고 정세를 바꿔 승리할 수 있는 술책이다.

> 05. 利而誘之이이유지   이익으로 (적을) 유인하고
> 06. 亂而取之난이취지   혼란으로 (적을) 취하고

07. 實而備之실이비지	(적이) 건실하면 방비하고
08. 强而避之강이피지	(적이) 강력하면 피하고
09. 怒而撓之노이효지	화를 내서 (적을) 굽히게 만들고
10. 卑而驕之비이교지	낮추어서 (적을) 교만하게 하고
11. 佚而勞之일이노지	편안하면 (적을) 피로하게 만들고
12. 親而離之친이리지	친밀하면 (적을) 갈라놓고

셋째: 숨기는 술책 두 가지다. 전투에서 가장 중요한 기습을 위한 술책들이다.

| 13. 攻其無備공기무비 | 방비 없는 데를 치고 |
| 14. 出其不意출기불의 | 미처 생각하지 않은 장소로 출격한다 |

사례#1 손빈의 02. 용이시지불용

기원전 342년, 위나라와 조나라가 연합하여 한나라를 공격하자 한나라가 제나라에게 구원을 요청했다. 이에 손빈은 전기와 함께 출정하여 다시 한 번 방연과 겨루었다. 제나라 군대는 짐짓 후퇴하면서 날마다 밥 짓는 아궁이 수를 줄여 나갔다. 그것을 보고 방연은 아궁이 수가 줄어든 것은 제나라 병사들이 날마다 탈영을 하기 때문이라고 판단하여 보병의 엄호를 받지 않은 상태로 기병만을 동원하여 황급히 손빈의 군대를 추격했다. 어스름한 초저녁, 방연이 이끄는 소수의 병력이 마릉이라는 험지에 이르렀을 때 한 병사가 하얗게 표피가

깎여 있는 나무를 발견했다. 등불을 켜고 살펴보니 거기에는 다음과 같은 글씨가 쓰여 있었다. "방연이 이 나무 아래에서 죽으리라." 등불이 켜지기를 기다려 매복하고 있던 손빈 군의 궁노수들이 방연 군을 향해 일제히 화살을 퍼부었다. 방연은 "드디어 더벅머리 아이놈의 이름을 유명하게 만들었구나!"라고 외친 다음 스스로 목숨을 끊었다.

손빈의 계책을 "아궁이를 줄여 적의 눈을 속인다"는 뜻의 감조지계減竈之計라 한다. 이 전투에서 손빈은 자신의 병력이 많이 있으면서도 짐짓 탈주하여 부족한 척 용이시지불용의 술책을 써서 이긴 것이다.

사례#2 임장의 05.이이유지/10.비이교지

춘추시대 강대국이었던 진나라(晉:魏 · 韓 · 趙로 분열) 말기에 지백智伯이란 대부가 있었는데 오만하고 포악해 같은 경대부인 위환자, 한강자, 조양자 등을 업신여겼고, 어느 날 그들에게 토지의 상당 부분을 자신에게 넘겨 줄 것을 요구했다. 이에 땅을 넘기기를 주저하는 위환자에게 가신 임장이 말한다. "병법에 상대에게 이익을 주어 유인하라고 했습니다. 그러니 지백에게 토지를 주어 교만하게 하는 것이 나을 것 같습니다." 임장의 예상대로 땅을 받고 교만해진 지백은, 얼마 못 가서 같은 불만을 품은 위씨, 한씨, 조씨의 연합군에 의해 온 집안이 몰살당한다. 위환자의 가신 임장은 이이유지와 비이교지의 술책을 동시에 지혜롭게 잘 활용한 것이다.

사례#3 진평의 12.친이리지

기원전 204년 여름 4월, 초나라 군사가 지금의 하남성 형양현 남쪽에서 유방을 포위하자 상황이 급해졌다. 유방이 강화를 청하면서 형양의 서쪽 지역을 베어내 그곳만 갖겠다고 했다. 그러나 범증은 항우에게 형양을 급히 공격할 것을 권했다. 이 소식을 들은 유방이 크게 우려했다. 그런데 마침 항우가 사자를 보냈다. 사자가 도착할 즈음 진평이 태뢰太牢를 다 갖추어 놓게 했다. 태뢰는 제사나 연회 때 소와 양과 돼지 등 3가지 희생犧牲을 모두 갖추는 것을 말한다. 사자에게 한창 음식을 올리는 와중에 진평이 불쑥 나타나 초나라 사자를 보고는 짐짓 놀라는 체하며 말한다.

"범아부의 사자인 줄 알았는데 항왕의 사자가 아닌가."

범아부는 항우의 책사 범증范增을 말한다. 그러고는 곧 그 음식을 내어 간 뒤 조악한 음식을 사자에게 올리게 했다. 초나라 사자가 귀환해 이를 상세히 보고했다. 이에 항우가 범증을 크게 의심하기 시작한다. 범증이 형양성에 급공을 가해 함락시킬 것을 거듭 권했다. 그러나 반간계에 넘어간 항우는 범증을 의심한 나머지 그의 말을 전혀 들으려 하지 않았다.

범증은 항우가 자신을 의심한다는 이야기를 듣고 "천하의 대사가 대체로 정해졌으니 이제 군왕이 스스로 처리하십시오. 원컨대 해골

11

骸骨의 청을 받아주십시오."라는 말을 남기고 떠나가다 노상 병사하고, 항우는 해하전투에서 참패하고 천하를 잃고 자결한다. 진평의 반간계는 친이리지 술책의 하나다.

사례#4 맥아더 장군의 13.공기무비/14.출기불의

한국동란 중 유엔군사령관 맥아더 장군이 인천을 상륙지점으로 정한 것에 대하여 미 합참은 물론 해군 및 해병대 관계관들도 모두 다 강력하게 반대했는데 가장 큰 이유는 인천의 자연적 조건이 대규모 상륙작전을 하기에는 세계 최악이라는 이유 때문이었다. 인천 앞바다는 간만의 차가 매우 심하기 때문에 상륙작전을 할 수 있는 날이 9월의 경우 단 3일간이 가능하고, 또한 상륙 가능한 날짜에도 밀물이 꽉 들어차는 아침과 저녁 두 차례 각각 3시간 정도의 제한된 시간 내에 행동을 완료해야 한다는 것이었다. 이것은 상식적으로 볼 때 매우 타당한 이유였다.

> 그러나 명장 맥아더 장군은 여러 사람이 반대하는 바로 그 이유 때문에 인천을 선택했다. 즉, 아군뿐만 아니라 적도 어렵다고 생각할 것이기 때문에 그러한 적의 의표를 찔러서 공격하면 기습효과(공기무비 출기불의)를 올릴 수 있다고 본 것이었다.

맥아더가 예상한 대로 인천의 적 방비태세는 엉성하기 짝이 없었고, 1950년 9월 15일 새벽부터 개시한 상륙작전에서 유엔군은 약

2,000명밖에 되지 않는 적을 쉽게 제압하고 인천을 탈환하는 데 성공한다. 아군이 만약 인천상륙작전을 감행하지 않고 서울 탈환을 위해 낙동강 전선에서부터 지상 반격을 실시하였다면 적게 잡아도 십만 명 이상의 아군 희생이 따랐을 것이라는 것이 정설이다.

손자는 부전이굴인지병 선지선자야不戰而屈人之兵 善之善者也라 일렀다. 싸우지 않고 이기는 것이 가장 지혜로운 전략이다. 독립 운동가들이 하나같이 무력 항쟁을 통해 일제로부터 나라를 되찾으려 할 때 이승만 대통령만이 홀로 손자의 전략을 구사하셨다. 미국의 힘을 빌린 외교로써 싸우지 않고 나라를 되찾으신 것이다. 놀라운 지혜다!

우리가 아프리카나 유럽이나 남미로 이사 갈 수는 없다. 한반도가 절대 강국인 중국과 러시아 그리고 일본에 둘러싸여 있는 것은 어쩔 수 없는 숙명이다. 이런 지리적 여건하에서 힘센 중국과 약은 일본과 음흉한 러시아의 준동을 막으려면 앞으로도 상당기간 매서운 미국을 잘 활용하는 지혜가 필요하다. 비유하자면 저들에게 대한민국은 아직은 식욕을 자극하는 바나나일 뿐이기 때문이다.

불곰과 원숭이와 북극곰은 바나나를 좋아해서 서로 먹으려고 호시탐탐 노리고 있다. 이 피치 못할 지정학적 약점을 잘 아셨던 세계인 이승만 대통령께서는 바나나를 결코 먹지 않는 맹수 독수리를 끌어들여 불곰과 원숭이와 북극곰을 경거망동하지 못하게 하셨다. 이

버르고   노리고

를 이름하여 한미상호수호조약!

　아무튼 우리는 미국의 힘, 독수리의 힘을 빌려서 중국과 일본과 러시아의 도발을 막아야 한다. 언제까지? 대한민국이 핵을 보유하고 자유민주주의로 통일을 이뤄 백두산의 호랑이가 될 때까지. 중국과 러시아가 핵을 얼마나 보유하고 있는지 아는가?

재롱떨고   아양떨고

우리나라가 핵을 보유하지 않는 한 그들의 그늘에서 영원히 벗어 날 수 없다! IAEA가 있고 열강이 반대하는데 어떻게 핵을 보유해? 이런 소극적인 사고는 이제는 버려야 한다! 뜻이 있는 곳에 길이 있다. 핵보유의 당위성을 우방에게 끈질기게 설득해서 핵을 개발 보유하는 그날, 박정희 대통령의 영령도 어딘가에서 환하게 웃으시지 않겠는가. 남한의 핵보유는 결국 김정은으로 하여금 통치 명분을 잃게 만들어 남북통일을 앞당길 것이다! 작전권? 그때 찾아와도 늦지 않을 것이다!

그래서 이 나라에는 손자병법을 잘 알고 이를 잘 활용할 줄 아는 리더들이 필요하다. 궤도를 잘 알고 이를 잘 구사하여 주변 열강들의 만행과 도발에 슬기롭게 대처할 줄 아는 리더, 군자이면서도 궤도를 아는 리더, 이런 대통령들이 계속 나와서 이 나라를 통치한다면 얼마

170

11

나 좋을까.

미국과 영국과 러시아와 독일의 엄청난 압력과, 자국 내 무지몽매한 반전주의자들의 시위에도 굴하지 않고, 기어이 핵을 개발하여 보유하게 한 프랑스의 드골 대통령. 이분이 프랑스가 왜 핵을 개발하여 보유해야 하는지에 대하여 핵개발을 총지휘했던 책임자에게 한 말이다.

> "소련이 프랑스를 침공하면
> 미국이 동맹국 프랑스를 위해 핵을 쏘겠는가?
> 미국이 파리를 지키기 위해 뉴욕을 포기하겠는가?
> 만약 우리가 핵개발을 포기한다면
> 조국 프랑스는 장차 국제정치 무대에서
> 영원한 2등 국가로 전락하고 말 것이다!"

드골과 같은 슬기로운 대통령이 대한민국에서도 나와야 한다! 한반도의 비핵화? 과연 이것이 우리에게 바람직한 정책인가? 그렇다 하더라도 우리 정부에서는 4자회담 당사국들에게 당당히 물어야 할 것이다. 한반도 비핵화는 언제까지 이룰 것인지 기한을 분명히 정해야 한다. 그런 후 혹여 북한의 불복으로 비핵화가 실패한다면 어떻게 할 것인지, 그때 가서는 남한도 핵을 개발 보유해도 되는지 따져 물어야 한다. 아울러 핵 보유를 위한 국가전략을 수립하고 이를 당차게 추진하여 목표한 바를 성취할 수 있는 능력 있는 관료들을 시급히 육성해야 하는데 해당 관료들의 공급원을 위해서라도 먼저 모든 대학에서 손자병법을 의무적으로 배우게 하고, 때가 되면 국가공무원시험 과목에도 넣는다면 아주 바람직할 것으로 본다.

푸틴과 시진핑과 아베와 같은 부류의 음흉한 수괴들과 맞서야 하는 우리의 리더. 어질기만 한 리더? 어림 턱도 없다! 궤도를 아는 리더! 지혜로운 리더! 오직 관용과 매서움을 겸비한 관맹상제寬猛相濟의 리더만이 대한민국을 지킬 수 있다. 여기서 잠시 김일성을 꼭두각시로 만들어서 6.25 동란을 일으키고 미국과 중국이 서로 싸우게 만든 스탈린의 궤도에 대해 알아보자.

필자는 전쟁사를 전공했기에 1980년대 초에 모교에서 잠시 전쟁사 강사로 근무한 적이 있었다. 그때만 하더라도 6.25 동란과 관련해서 학자들이 풀 수 없었던 미스터리가 두 가지 있었는데 하나는 소련 대사 말리크가 1950년 6월27일에 있었던 유엔 안보리 회의에 왜 참석하지 않았는지였고 다른 하나는 서울을 점령한 북한군이 왜 3일 동안 한강을 도하하지 않고 지체했었는지 이었다. 이 두 가지 미스터리를 한꺼번에 풀어 준 것이 스탈린의 전문電文이다. 남한이 북침했다고? 소가 웃을 일이다!

<6.25 동란의 미스터리가 풀리다!>

스탈린의 궤도詭道

북한의 남침은 소련의 스탈린이 계획, 조정하고
김일성이 괴뢰가 되어 일으킨 동란이다.

한국전쟁을 둘러싼 미스터리 중 하나는 1950년 6월27일 유엔 안전보장이사회에 소련이 불참, 유엔군 파병 안에 거부권을 행사하지 않은 사건이었다. 소련의 불참으로 미국이 주도한 안보리 결의안이 통과되어 유엔군이 조직되고 한국에 파병될 수 있었다. 소련의 유엔 대사 야콥 말리크는 1950년 초부터 안보리 회의를 보이콧 하고 있었다. 대만이 중국의 정통정부로 인정받아 상임 이사국 자리에 앉아 있는 것에 항의하기 위함이었다. 그 연장선상에서 말리크가 불참하였을 것이라고 추측하는 것이 그간의 정설이었다. 그러나 소련이 붕괴된 이후 비밀문서가 공개되기 시작하면서 이 정설이 힘을 잃게 된다.

최근 소련의 안보리 불참과 관련된 중요한 문서가 공개되었다. 2005년에, 러시아의 3大 국립문서보관소 중 하나인 사회정치사 문서보관소에서 안드레 레도프스키라는 러시아 학자에 의하여 발견된 스탈린의 편지(문서번호 fond 558, opis 11, delo 62, listy 71~72)가 그것이다. 아래는 필리포프(스탈린)가 프라하 주재 소련 대사를 통해 체코슬로바키아 클레멘트 고트발트 대통령에게 전달한 메시지(1950년 8월27일)이다.

〈스탈린의 전문電文〉: "한반도를 美中 대결장으로 만들 것"

우리는 지난 6월 27일 유엔 안전보장이사회에 소련이 불참한 것과 그 뒤의 사태전개에 대하여 고트발트 동지와 조금 다르게 생각한다. 우리는 안보리에 네 가지 이유로 불참하였다. 첫째, 새로운 중국과 소련의 단결을 과시하기 위하여, 둘째, 미국이 안보리에서 국민당 괴뢰 정권을 중국의 대표로 인정하고 모택동이 이끄는 중국의 진정한 대표성을 인정하지 않는 정책의 바보스러움과 어리석음을 강조하기 위하여, 셋째, 두 강대국의 불참 때문에 안보리 결의는 정당성이 없음을 드러내기 위하여, 넷째, 미국 정부가 안보리 다수결을 이용, 프리핸드를 갖고 어리석은 짓을 마음대로 저지르도록 함으로써 여론이 미국 정부의 진면목을 알도록 그렇게 하였다.

나는 우리가 이런 목적들을 달성하고 있는 중이라고 믿는다. 우리가 안보리에 불참한 이후 미국은 한국에 대한 군사적 개입에 엮이어 들어가 군사적 명성과 도덕적 권위를 망치고 있다. 미국이 한국에서 침략자와 폭군의 역할을 하고 있다는 사실과 미국이 한때 생각하였던 것만큼 군사적으로 강력하지 않다는 사실을 의심하는 사람은 거의 없을 것이다. 더구나 美 연방합중국이 극동에 묶여 현재 유럽에 신경을 쓸 여유가 없다는 사실도 명백하다. 이 같은 사실은 세계의 세력 균형에 있어서 우리에게 득이 되지 않는가? 의심할 바 없이 그렇다. 미국 정부가 극동에 계속해서 묶여 있고, 조선의 자유와 독립을 위한 투쟁에 중국을 끌어들인다고 가

11

정하여 보자. 이로부터 무슨 일이 생길 것인가

　첫째, 미국은, 그 어떤 나라도 마찬가지이지만, 방대한 병력을 보유한 중국과 싸워 이길 수 없다. 미국은 이 투쟁에서 전선을 지나치게 넓게 될 것이다. 둘째, 그렇게 함으로써 미국은 가까운 장래엔 제3차 세계대전을 일으킬 수 없게 될 것이다. 그리하여 제3차 세계대전은 얼마나 오래 걸릴지는 모르지만 연기될 것이고, 이는 유럽에서 사회주의를 강화하는 시간을 줄 것이며, 더구나 미국과 중국의 투쟁이 극동의 숱지역을 혁명화 할 것임은 두말할 필요도 없다. 이런 모든 것들이 세계의 세력 균형에 있어서 우리를 유리하게 만들지 않는가? 의심의 여지없이 그렇다. 귀하도 이해하겠지만, 소련이 안보리에 참여할 것이냐 아니냐는 피상적으로 보는 것처럼 간단하지 않은 문제이다.(생략)

　이상에서 보았듯이 스탈린은 김일성이 한반도를 적화통일 시키는 것을 애초부터 원치 않았다. 그의 목적은 미중 간에 전쟁을 유발하는 것이었다. 북한군이 3일 동안 한강을 도하하지 않은 이유도 이 전문으로 말미암아 분명해졌다. 소련은 미국이 개입할 시간을 주었던 것이다. 미군의 한반도 파병과 38선을 넘는 반격이 있어야 비로소 중공군을 투입할 명분과 기회가 모택동에게 주어지기 때문이었다.

　스탈린의 전쟁 목적도 이이제이! 그는 미국이란 오랑캐와 중공이란 오랑캐로 하여금 서로 싸우게 하고 그 틈에 동유럽 국가들을 먹어치우려는 전략을 편 것이었다. 이를 성동격서 전법이라 한다. 이런 스탈린처럼 음흉한 러시아의 지도자들과 중국의 지도자들을 양쪽 다 상대해야만 하는 대한민국, 아직도 휴전休戰 중인 나라 대한민국의 대통령은 아무나 할 수 없는 것이다. 기업을 잘 운영했다고 나라도 잘 운영할 수 있을까? 국회의원 좀 잘 했다고 대통령도 잘할 수 있을까? 인권 변호사 출신이라고, 유명한 교수라고 대통령을 잘할 수 있을까? 천만의 말씀이다!

대통령은 대통령 삼아 부리기 위해 나라가 적어도 20년 이상 각종 관직과 교육을 통해서 경륜을 쌓게 한 인재들 중에서 엄선해서 뽑아야 한다. 하루속히 이런 체제를 갖춰야 한다. 이점에 있어서는 우리는 중국을 배워야 할 것이다. 덩샤오핑? 장쩌민? 후진타오? 시진핑? 하나같이 공산당이 선발하고 수십 년을 관리해서 키운 인물들이다. 이들과 싸워야 할 이 나라 대통령? 국가경영 내지는 고위 공직의 경험과 실적까지 정확히 따져서 뽑아야지, 인기만 있다고 아무나 뽑아서야 되겠는가. 미국이 국정 경험이 턱없이 부족한 도널드 트럼프 씨를 대통령으로 잘못 뽑아 그들의 국격이 형편없이 추락한 것을 교훈으로 삼아야 한다.

아직도 대한민국은 휴전중인 난세! "능력만 있으면 다 나오시오! 내 다른 건 묻지도 따지지도 않겠소!" 어쩌면 조조曹操와 같은 효웅梟

雄이 대한민국을 위해 필요한 때가 아닐까? 상대 후보의 흠집만 잡는 네거티브 선거는 법적으로라도 금지시켜야 하고 인재의 발현을 막는 지금 같은 신상 털기 식의 인사청문회는 속히 폐지해야 한다. 흠이 없는 인재가 어디 있겠는가? 털어서 먼지 안 나는 과거가 있을까? 국회의원 분들 청문회에 세워서 한 분 한 분 털어보면 과연 흠 없이 합당한 국회의원 단 한 분이라도 찾을 수 있을까?

아무튼 서경을 읽고 논어를 배우고 손자병법을 익히는 기풍이 대학은 물론이요 이 나라의 젊은이들 사이에 선풍颶風처럼 일어서, 장차는 군자의 리더십을 배우고 손자병법을 익힌 리더들이 양산됨으로써 대북외교와 주변 열강과의 외교를 보다 슬기롭고 일관되게 추진하여 남북통일을 앞당기길 바란다.

궤도를 아는 리더

능력이 있을 땐 적의 경계를 돌릴 줄 알고
능력이 없을 땐 적의 홀대를 피할 줄 알고

속이고

유리한 환경은 적기에 잘 활용할 줄 알고
불리한 환경은 유리하게 잘 바꿀 줄 알고

바꾸고

나의 의도는 숨겨서 적을 불안하게 할 줄 알고
적의 의도는 드러내 적을 무력하게 할 줄 알고

숨기고

하늘이 낸 이승만

★진보 청년 이승만 : 왕조에서 민주국가로의 이행을 주창, 투옥

★감옥에 간 이승만 : 모진 고문을 받던 중 기독교 신자가 됨(종신형)

★게일 선교사 추천 : 햄린 목사를 소개받아 조지 워싱턴 대학 입학

★프린스턴대 입학 : 뉴욕 선교부에서 만난 어네스트 홀 선교사 추천

★3개월 지체 귀국 : 미 국무부가 반미인사로 낙인찍어 귀국 방해

　　　　　　　　　미국 선교사의 아들 우광복의 도움으로 귀국

★트루먼의 파병결단: 1939년부터 5년 동안 이승만이 출석한 교회

　　　　　　　　　파운드리 교회 헤리스 목사가 트루먼을 설득

★한미상호수호조약 : 한미 간 조약을 성사시킨 미 국무장관 덜레스는

　　　　　　　　　이승만의 조지 워싱턴, 프린스턴 대학 후배

★농지개혁법의 시행: 6.25 직전인 50년 5월에 농지원부 열람케 함

　　　　　　　　　전쟁 중 농민 봉기 전무!

이 모든 것이 우연일까?

12
공자를 넘어야 나라가 산다!

■ 공자, 한 물 간 분인가? ■

숙손무숙이 공자를 헐뜯었다. 제자 자공이 말하였다.

"쓸데없는 일이다. 스승은 훼방할 수 없다.

다른 이는 구릉과 같아 넘을 수 있지만

스승께서는 해와 달과 같아 넘을 수 없다.

사람들이 비록 스스로 日月과 단절하고자 하여도

어찌 해와 달에 무슨 해가 되겠는가?"

다만 자기의 분수를 알지 못함을 드러낼 뿐이다!

-논어 자장편-

위 자공의 말을 빌리자면 자기 분수를 알지 못함을 드러냈을 뿐인 모

교수가 《공자가 죽어야 나라가 산다》라는 책을 내자, 이에 분개한 다른 교수는 《공자가 살아야 나라가 산다》는 책을 내서 반박했다. 이를 어떻게 생각하는가?

필자는 이 두 고명하신 교수님들과는 좀 다른 견해를 가지고 있다. 한 분은 자공의 말을 빌리자면 자기 분수조차 모르고, 또 한 분은 다소 미치지 못한 것 같다. 공자를 죽여도 안 되고 공자를 살리는 것만으로도 부족하다. 공자를 배워서 넘어야 나라가 살 수 있다!

子曰: "溫故而知新 可以爲師矣"
자왈: "온고이지신 가이위사의"

-논어 위정편-

옛 것을 익혀 새롭게 깨달아 알면
스승이라 일컬을 수 있다

온고이지신! 공자의 가르침을 배워 부족한 부분은 고치고 오늘날에 맞게 새롭게 진취적으로 바꿔서 공자를 넘어야 한다. 그렇다면 공자를 넘는다는 것이 무엇이며 그 효과가 어떠한지를 알아보자.

공자는 벼슬길에 나아갈 자들 위주로 학문을 세우고 가르쳤지만 이를 상업의 영역으로 확장하여 실천한 분들이 있다.

논어를 읽은 후   -송나라 정이程頤-
다 읽고도 전혀 아무런 일이 없는 자, 그중 한 구절을 얻어
기뻐하는 자, 다 읽은 후 덩실 덩실 춤추는 자가 있다

먼저 우리나라의 경우를 살펴보면 공자의 가르침을 현대에 잘 적용한 대표적인 상인 두 분이 있다. 한 분은 삼성 창업주 이병철님이고 다른 한 분은 현대 창업주 정주영님이다.

이 두 분의 공통점은 어렸을 때 배운 고전의 가르침 특히 논어의 가르침으로 상업을 하신 점이다. 두 분은 공자의 가르침 중에서도 신信을 중시하셨던 것 같다. 정주영님은 처음 쌀가게 점원으로 일할 때부터 장사는 근면과 신용으로 해야 한다는 것을 신념으로 살아온 분이다. "사람을 썼으면 그 사람을 믿어줘야 자신의 능력을 십분 발휘할 수 있지요" 이병철님의 말이다. 용인술의 대가 삼성의 이병철님의 인재중심 경영을 알려면 "낚시질과 정치는 무엇이 비슷한가?" 라는 서백의 물음에 답한 강태공의 가르침을 보면 이해하기 쉬울 것이다.

서백(문왕)이 "어찌하여 유사하다고 말하는가?"

강상이 말했다. "낚시에는 세 가지 권도(=방도)가 있으니, 녹봉을 차등하여 사람을 취하기를 권도로 하고, 죽음을 차등하여 충성을 취하기를 권도로 하고, 관직을 차등하여 맡기기를 권도로 합니다. 낚시는 물고기 얻기를 구하는 것이므로, 그 이치가 깊어서 그로 인하여 큰 것을 살펴볼 수 있습니다."

창업 초기부터 우리나라에서 가장 후한 급여로 직원들을 대우하고 가장 후한 조건으로 인재들을 모아 세계 굴지의 기업을 세운 삼성의 사람 중심 기업경영과 인재우대 인사정책은 위 강태공의 가르침과 진배없다.

기업이란 무엇인가? 기업企業? 한자를 그대로 풀어보면 사람(人)이 머물러(止) 상업을 하는 곳이다. 그러므로 사람이 제일 우선이다. 止자는 바를 正자와 비슷하다. 믿을 수 있는 사람들이 머물면서 함께 바르게 상업을 하는 곳이 기업인 것이다. 비록 상업이지만 기업을 창업하는 창업자에게 가장 중요한 것이 있다면 그것은 경영철학일 것이다. 자신이 왜 회사를 만드는지, 어떤 회사를 만들 것인지, 어떤 가치를 실현할 것인지, 어디에 목표를 둘 것인지, 어떻게 나라와 백성에게 이롭게 할 것인지, 이 모두가 철학이다. 창업자의 경영철학이 바르고 든든하면 이것이 곧 기업의 바탕이 되고 나아가 문화가 되는데 이 바탕이 든든해야 높이 쌓아올릴 수 있다.

창업자의 정신이 기업 문화로 승화되어야 비로소 꽃을 피우고 열 매를 맺을 수 있는 것이다. 무너진 대우大宇가 이를 잘 반증해주고 있지 않은가. 이병철님이 평생 보시다가 후계자에게 넘긴 책 논어! 왜 이 책을 주셨을까? 바로 이 논어에 기업인이라면 누구나 경영철학으로 삼을만한 가장 좋은 가르침들이 있기 때문이 아닐까?

이렇듯 삼성의 경영철학의 바탕에 논어가 있다. 누가 뭐래도 삼성은 세계적인 기업이요 대한민국의 경제를 부흥시킨 주력 기업이다. 그뿐인가? 일본과 싸워 대승을 거둔 기업이 아닌가?

〈삼성 전자대첩電子大捷〉
16세기 말 임진왜란 당시 이순신 장군의 한산대첩이 있었다면 21세기 초 한일 경제전쟁에서는 전자대첩이 있다. 당시만 해도 골리앗 같았던 소니를 비롯한 일본 10대 전자회사가 구축한 연합함대에 맞서서 마치 다윗 같았던 삼정전자가 홀홀 단신 출전하여 기적 같이 대승을 거둔 삼성전자대첩!三星電子大捷 그 위대한 전승은 일본 전자산업을 완전 침몰시킨바 지금은 소니를 포함한 일본의 10대 전자회사의 매출을 전부 합쳐도 삼성의 매출보다 적다고 한다. 일본을 배워서 일본을 넘은 위대한 기업 삼성을 자랑스러워하고 극일克日의 표상으로 삼아야 한다.

수년 전부터 삼성은 '제4차 산업혁명의 전선'에서 세계를 상대로 치열하게 싸우는 경제전쟁 중에 있다. 이 절박한 시국에 삼성의 총수를 감옥에 넣다니 이 무슨 여적행위란 말인가? 이순신 장군을 감옥에 넣은 선조와 무엇이 다르단 말인가? 다른 처벌 수단도 얼마든지 있지 않은가. 기업가들이 우리의 적인가? 국익과 백성의 이익이 무엇인지 잘 분별하여 대처하길 바란다.

이번에는 공자의 가르침을 새롭게 해석해서 일본 상업계에 유상儒商이란 신조어를 만들게 하고 일본경제를 선진경제로 도약시킨 시부사와 에이이치의 경우를 살펴보겠다.

〈일본 상업의 아버지 시부사와 에이이치〉

시부사와 에이이치는 1840년 사이타마현 후카야에서 농민의 아들로 태어났다. 어린 시절에 아버지로부터 유학儒學을 배웠고 삼촌에게서 일본의 역사를 배웠다. 27살이 되던 해에는 프랑스 만국박람회 참가 요원으로서 유럽을 방문하고 유럽의 금융제도와 산업에 관해 공부하였다. 유럽에서 돌아와 메이지 정부의 재무성 관리로 제도의 개혁을 수립하였다.

1873년 상업의 육성에 뜻을 품게 되어 관리를 그만두고 제일국립은행을 설립하여 초대 총재로 은행을 관리하였으며 후에 상당수의 다른 은행설립에도 관여하여 일본의 근대적인 금융제도를 구축하는 데 크게 기여했다.

청일전쟁 후에는 일본의 국제화를 위해 해운과 철도, 시멘트, 석유, 가스, 전기, 조선, 광산, 토목, 제강, 보험, 신탁 등 제조업과 기간산업, 금융업에 이르기까지 총 400여 기업의 설립과 운영에 직간접적으로 관여하면서 일본 자본주의 경제의 기초를 확립하는 데 크게 기여하는 한편 산업 기반에서 필요한 인재 육성을 위해 실업교육에도 관심과 지원을 아끼지 않아 도쿄 상과대학, 도쿄 고등상업학교, 이와쿠라 철도학교 등을 설립하고 발전시키는 데 노력했다. 이렇듯 일본사회의 개혁과 변화의 선구자로서의 삶을 살았던 시부사와 에이이치는 1931년 91살의 일기로 생을 마감하였다.

시부사와 에이이치는 메이지 유신 이후 급성장한 일본 실업계가 탐욕과 부정의 유혹에 빠지지 않게 하려면 어떻게 해야 할지에 대해 일찍부터 관심을 두었다. 그는 실업윤리의 확립에서 그 해답을 찾고자 했으며, 공자가 견리사의見利思義를 주장한 것에 주목했다고 한다.

見利思義 見危授命
견리사의 견위수명   -논어 헌문편-
이익이 보이면 의로운지를 생각하고
위기를 보면 목숨 바칠 생각을 하라

그는 그의 저서 '논어와 주판'에서 의리합일義利合一 즉, 윤리와 이익은 일치해야 한다고 제시한 바 있다. 이 시부사와의 주장은 처음에는 다소 파격적으로 받아들여졌는데 그 이유는 당시 일본 사람들은 공자를 중의경리重義輕利 즉, 의로움을 중시하고 이익을 경시하는 인물 정도로 생각하고 있었기 때문이다. 다시 말하면 공자를 상인들을 천시하는 분으로 오해하고 있었던 것이다.

〈의리상고義利相顧〉 -시부사와 에이이치-

"진정한 부의 창출은 도덕 경영에서 시작된다!"

수레는 좌우의 바퀴를 달고서 설 수 있고 또 앞으로 나아갈 수 있다 바퀴 하나가 빠지면 수레는 앞으로 나갈 수 없다. 이처럼 윤리와 이익도 상대를 철저히 배제하고 독주할 수는 없다. 둘은 수레의 두 바퀴처럼 서로를 돌아보며 나아갈 때 튼튼하게 더 오래 갈 수 있다.

그러나 온고지신! 시부사와 에이이치는 사업의 길에는 의와 리가 서로 돌아보아야 한다(義利相顧)는 논리를 새롭게 세워서, 유상儒商 즉 유학의 가르침으로 사업을 하는 상인의 무리를 만들어 정당한 이익을 추구하는 상업 풍토를 조성함으로써 일본을 선진국으로 진입시킨 공로를 인정받아 일본 상업의 아버지로 칭송받고 있다. 뿐만 아니라 2024년에 새로 발행하는 〈만엔 권〉 초상화의 주인공으로 등장하는 영예까지 누리게 될 예정인데 이 모두가 논어를 배워 이를 넘은 덕이라고 말할 수 있다. 물론 우리나라의 경우에도 성리학자 퇴계 이황 선생과 율곡 이이 선생께서 각각 〈오천원 권〉과 〈천원 권〉 초상의 주인공으로 존숭된 지 이미 오래다.

이어서 공자를 넘는 예를 몇 가지 더 보도록 하자. 먼저 가장 중요한 효에 대한 가르침을 수정 보완하는 것이다. 논어 학이편 2장에 보면 '효제야자孝弟也者 기위인지본여其爲仁之本與'라는 말이 있는데 부모 효도와 형제 우애가 인의 근본이라는 뜻이다. 그런데 언제부터인가 우리 사회나 가정에서 효에 대한 가르침이 점차 사라지고 있는데 왜일까? 그 이유는 효도를 중시하지 않는 서구문명 때문일까, 아니면 점점 개인주의적이요 자유방임적으로 변해가는 젊은 세대 때문일까?

아무튼 젊은이들에게 효를 가르치는 것 자체가 아주 부담스러워진 시대다. 효가 젊은이들의 자유를 속박하는 것이 되어버렸고, 효를 강요하는 부모들은 아주 낡은 사상에 묶여있는 가부장적이요 봉건적인 꼰대(?)로 취급받는 시대가 된 것 같다. 그러다보니 우리 사회에서 효에 대한 가르침을 그나마 들으려면 어린이들을 모아놓고 가르치는 태권도 학원에나 가야 한다.

시대가 이러다 보니 어쩔 수 없이 효에 대한 공자의 가르침을 세태에 맞게 수정해야 할 것 같다. 사실 유학이나 유교에서 지금까지 가르쳐온 효를 보면 없지 않아 문제점이 있었다. 너무 일방적이고 의무적이며 강제된 효라는 느낌이 든다는 점과 입신양명을 효의 마지막으로 가르친 점인데 이 점은 분명 수정 보완할 필요가 있다고 본다.

언젠가 모 기업 논어 강의 서두에 이런 질문을 던진 적이 있었다. "자신이 효자 효녀라고 생각하시는 분은 손을 들어 보세요." 그랬더니 1/3에 가까운 수강생들의 표정이 갑자기 싸늘하게 굳어지는 전혀 예상치 못한 사태가 벌어졌다. 그들은 속으로 이렇게 말하고 있는 것 같았다. "그런 건 왜 물어, 기분 나쁘게"

그러거나 말거나 다음 질문을 했는데 "여러분이 지금까지 부모님께 해드린 효도 중에서 제일 큰 것이 있다면 무엇이 있는지요? 부모님의 자녀로 태어난 것이 제일 큰 효도다, 혹 이런 생각해 보셨나요? 이보다 더 부모님을 기쁘게 해드린 적이 없지요? 그래서 우리는 태어날 때부터 효도 점수가 이미 60점인 셈입니다. 두 번째, 별 탈 없이 성인으로 자라난 것으로 효도 점수 70점!" 이쯤 되면 굳어졌던 사람들의 표정이 하나둘씩 펴지기 시작한다.

"세 번째, 결혼하면 80점, 네 번째, 손주 낳아드리면 90점, 이러면 모두 효도 우등생이 되는 거지요. 이제 나머지는 겨우 10점밖에 안 남았는데 우리는 오랜 세월 동안 이 10점을 너무 크게 여겨 왔습니다. 아무튼 욕심을 좀 내서 내친김에 최우등생이 되시고 싶으신가요? 그렇다면 두 가지만 더 하시면 됩니다. 하나는 부모님과 함께하는 시간을 가급적 늘리는 것입니다. 모시고 사는 게 제일 좋겠지만 형편이 안 될 경우에는 자주 찾아뵈면 좋겠지요. 나머지 한 가지는 부모님과의 대화입니다. 자주 찾아뵙기 어렵더라도 자주 전화 드려서 미주알고주알 수다 떨어 드리고 이것저것 여쭤서 말씀을 많이 하게 해 드리면 좋습니다. 요즘은 화상통화도 할 수 있는 세상이니 얼마나 좋습니까. 이 두 가지만 잘해도 95점!" 이날 강의 평점은 상상에 맡기겠다.

속담에 '부모 모신 공은 있어도 자식 키워 준 공은 없다'고 했다. 그 이유는 부모님께 받은 낳으시고 길러주신 은혜는 대물림되어 내 자식에게 베풀며 갚게 되는 것이기 때문이 아닐까? 그래서 효도는 사회가 미풍양속으로 장려는 하되 부모가 강요해서는 안 되는 것 아닌가 싶다.

이제 의무나 강요가 아닌 자발적인 효도를 받는 방법에 대해 알아보자. 효자 집에 효자 난다고 했다. 효도 받고 싶으면 자신이 먼저 부모님께 효도해서 자녀들에게 본을 보이면 좋지 않을까? 효도는 부모님께 드린 만큼 내 자식에게 받는 것이기 때문이다. 또 하나 어려서부터 자녀와의 관계를 좋게 해야만 한다. 세 살 버릇 여든까지 가듯 세 살에 친하면 여든까지 간다. 세 살 이전까지는 가급적 어린이집에 맡기지 말자. 부자유친! 부자지간에 제일 중요한 것이 서로 친한 것이라 했는데 아쉽게도 조선시대에는 이를 놓치고 부자유엄^{夫子有嚴}, 엄부전성시대였던 것 같다.

> ◦ 에베소서 6장
> 1. 자녀들아 주 안에서 너희 부모에게 순종하라 이것이 옳으니라
> 2. 네 아버지와 어머니를 공경하라 이것은 약속이 있는 첫 계명이니
> 3. 이로써 네가 잘되고 땅에서 장수하리라

아무튼 고령화 시대, 자식과 관계하며 살아야 하는 세월이 훨씬 더 길어진 요즘 시대, 그래서 효자가 더욱 값진 시대이다. 자식에게 복을 주고 싶다면 효자로 만드는 게 제일 좋은 방법이다. 효도하면 부모 행복 자녀 행운! 지자체마다 효자·효녀상賞을 만들어 표창하고 입주 우선권이나 대출금리 우대 등의 특전을 준다면 많은 가정이 따뜻해지고 나아가 사회가 훨씬 밝아질 것이다.

이렇게 유학이 가르쳐온 효에 대해 온고이지신 하는 것 외에도 미흡한 가르침들을 보완하는 것도 있다. 예를 들자면 논어 위령공편에 이런 가르침이 있다.

君子 義以爲質 禮以行之 孫以出之 信以成之
군자 의이위질 예이행지 손이출지 신이성지

이 문장에서 공자는 군자를 의·예·지·신으로만 가르쳤으나 효가 빠진 것이 조금은 아쉽다. 이 문장에 효의 덕목을 하나 더 추가하면 보다 완벽한 문장이 되지 않을까?

君子 孝以爲本 義以爲質 禮以行之 孫以出之 信以成之
군자 효이위본 의이위질 예이행지 손이출지 신이성지

즉 '군자란 효를 근본으로 하고, 의를 본질로 하며, 예로써 행하고, 겸손(智)하게 나아가서, 마침내 믿음(信)으로 완성한다.'로 보완하면 더 좋을 것이다.

다음은 잘못된 해석을 고치는 것이다. 논어 자한편 24장에 보면 子曰 主忠信 毋友不如己者 過則勿憚改 란 가르침이 있다. 주희朱熹도 그렇고 많은 학자들이 '모우불여기자毋友不如己者'를 나보다 못한 친구를 사귀지 말라 라고 해석했는데 이 해석이 과연 옳을까? 어불성설이 아닌가? 이러면 아무도 친구를 사귈 수 없게 된다. 모두가 나보다 더 나은 사람을 친구 삼으려 든다면 친구 관계가 성립될까? 이 해석이 이상하다 보니 어떤 분은 슬쩍 고쳐서 '한 가지라도 나보다 장점이 많은 사람을 사귀라'는 뜻이라고 설명하는데 구차한 변명 아닌가? 이 것이 신信에 대한 가르침인데 신信과는 아무 상관이 없는 해석이 아닌가. 아무렴 공자가 이런 이기적인 말을 했을 리 없지 않은가.

謂人莫己若者亡

위인막기약자망 -서경 상서 중훼지고-

남을 자기보다 못하다 말하는 자는 망하고

    서경의 위 말씀을 근거로 해서 바르게 고친 해석은 이렇다. '자기보다 못하게 여기는 벗이 없도록 하라!' 즉, 벗으로부터 신망 받으려면 벗을 자기보다 더 소중하게 여기라는 가르침이다. 끝으로 시대에 맞지 않는 가르침을 고쳐서 넘는 방법이다.

삼강三綱

군위신강君爲臣綱: 신하가 임금을 섬기는 것이 벼리요

부위부강夫爲婦綱: 부인이 남편을 섬기는 것이 벼리고

부위자강父爲子綱: 자식이 부모를 섬기는 것이 벼리다

    위 삼강의 해석은 지금까지 별 이론 없이 받아들여져 왔으며, 우리 모두는 나라에서는 신하가 임금을 섬기는 것이 바르며, 가정에서는 아내가 남편을, 자식이 부모를 섬기는 것이 당연하다고 생각하며 살아왔다. 과연 이 해석이 바르다고 생각하는가? 이거 소위 말하는 갑질 아닌가? 이 해석이 오늘날에도 맞는다고 생각하는가? 한자의 正자를 잘 살펴보면 삼강을 오늘날의 실정에 맞게 더 바르게 해석할 수 있다.

위에서 보듯이 바를 正 자는 위 상上과 아래 하下가 결합해서 만들어진 글자이다. 어느 글자가 위인가? 上이 위인가? 분명히 下가 위에 있다. 한자를 만든 분은 윗사람이 아랫사람을 섬기는 것이 바르고 옳다고 표기한 것이다. 참으로 놀라운 철학이 아닌가. 그렇다면 누가 위인가? 임금이 위요, 남편이 위요, 부모가 위이다. 따라서 우리가 삼강에 대한 해석을 이렇게 바로잡는 것도 전통유학의 가르침을 훌쩍 뛰어넘는 것이 될 것이다.

> 임금이 신하를 섬기는 것이 벼리요
>
> 남편이 아내를 섬기는 것이 벼리며
>
> 부모가 자식을 섬기는 것이 벼리다

이상 공자를 넘은 실례와 넘는 방법을 설명했다. 이제 공자에 대한 두 가지 오해를 해명하고 이 장을 마치겠다.

-논어 자로 4장-

樊遲 請學稼 子曰 吾不如老農　번지가 농사짓기를 청하자

번지 청학가 자왈 오불여노농　공자 왈 나는 늙은 농부만 못하다

請學爲圃 吾不如老圃　　채소 가꾸기를 청하자

청학위포 오불여노포　　나는 채소 가꾸는 늙은이만 못하다.

樊遲 出 子曰 小人哉 樊須也　번지가 나가자 공자 왈

번지 출 자왈 소인재 번수야　번수(＝번지)는 소인이로구나!

논어 자로편에 나오는 위 문장은 공자께서 농업을 천시한 분으로 오해받게 만든 대표적인 문장이다. 그러나 공자의 이 가르침은 학문을 배우는 목적이 벼슬길로 나아가 위국애민爲國愛民 하는 것인데 번지라는 제자가 이를 잠시 놓쳤기 때문에 꾸지람하신 말씀이다. 공자가 그래 남의 뒤에 대고 험담할 인물인가?

이는 번지가 잠시 학문의 길에서 이利에 눈을 돌렸기 때문에 꾸지람 한 말씀으로 이해해야지 농사를 천하게 여겨서 하신 말씀으로 받아들인다면 핵심을 놓친 그릇된 해석이 된다. 요즘 이 나라 정치판에 이렇게 본뜻은 외면하고 억지로 꼬투리를 잡아 막말하는 사례가 다반사인데, 공자께서도 비슷한 경우를 당하셨다고 이해하면 그만이다. 논어 이인편에 보면 군자는 의를 좋아하고 소인은 이익을 좋아한다는 말이 있는데 이 가르침을 떠올리면 보다 바른 해석이 과연 무엇인지 알 수 있을 것이다.

다음, '사농공상'도 흔히들 공자의 가르침으로 잘못 알고 있는데 이 말의 출전만 봐도 공자가 한 말이 아님을 알 수 있다.

〈사농공상의 오해〉

사농공상士農工商이라는 말은 기원전 1000년경부터 중국에서 사용된 것을 찾아볼 수 있다. 서경 주서에서는 '사민四民의 업業이 있다'고 하여 민民의 직업을 네 종류로 대별한 것을 볼 수 있다. 또한 공자 이전에 산 제나라 재상 관중이 쓴 《관자管子》에서는 '사농공상 사민四民은 나라의 초석(士農工商四民, 國之礎)이다'라는 글이 있다.

우리나라의 경우 조선시대에 사농공상은 유교의 신분 체제와 동일시 됐고, 나아가 이런 관념을 만들어낸 원조가 유가儒家의 창시자인 공자라는 오해가 나름 강하게 자리 잡게 된 것이다. 하지만 이것도 유학과 유교를 제대로 분별 못한데서 비롯된 오해다! 특히 조선 중기에 들어서는 사림士林이 정치에 대거 참여하게 되는데, 이때부터는 조선은 더 이상 유학의 나라가 아니라 성리학이 존숭尊崇되는 유교儒敎의 나라였다.

사농공상을 서열화하여 본격적으로 차별한 것은 조선시대의 사대부들이지 결코 공자가 아니다. 공자는 이익을 얻는 행위를 천박한 것이라 말하지 않았다. 다만 견리사의見利思義, 이익을 얻되 바르게 얻어야 한다고 강조했을 뿐이다.

폐일언하자면 공자의 사상은 고금古今 중국의 교육·철학·정치·

문화의 바탕이며 한국과 일본의 교육·철학·정치·문화에 지대한 영향을 끼친 대체할 수 없는 사상이다. 아직도 공자가 죽어야 나라가 산다고 생각하는 사람이 있는가? 그들에게 한 가지 제안을 한다. 아래는 제자들이 스승의 꿈을 묻자 공자가 답한 논어 공야장에 나오는 글이다. 仁, 즉 관계의 리더십을 정립한 분답게 공자의 꿈 역시 관계에 있었다. 자신의 꿈을 단 12 글자로 공자보다 더 멋지게 표현할 수 있다면 그렇게 하라.

노자안지老者安之 붕우신지朋友信之 소자회지少者懷之

나의 꿈은
어르신들에게는 편안한 사람이 되어 드리고,
벗들에게는 믿을 수 있는 사람이 되어 주고,
젊은이들에게는 가슴에 품고 그리워하는 사람이 되는 것이다!

<중국의 문화로 중국을 지배하자!>

(以華制中)

▶중국의 역사에서 이민족들이 중원을 지배한 기간은
  북위北魏 이후 청淸까지 약 850년이다.
▶원은 약 1백여 년, 청은 약 2백 70여 년을 통째로 지배했고
  ★몽고는 불과 10만 병력 2백만 국민으로 중국을 집어 삼켰다!
▶한漢 이래 중국역사의 약 삼분의 일을 이민족이 지배했다.

따라서 이화제중以華制中! 중국의 문화인 공자와 손자를 바르게 배우고 이분들의 가르침을 넘어섬으로써 중국을 제압하는 것이 우리가 취할 수 있는 가장 지혜로운 대중외교對中外交의 방편이며, 가장 현명한 대중안보對中安保의 방책이 될 것이다.

이승만 전 대통령 조사弔辭

-박정희 대통령-

조국독립운동의 원훈이요, 초대 건국대통령이신 고 우남 이승만 박사 영전에 정성껏 분향하고 엄숙한 마음으로 삼가 조사를 드립니다.

돌아보건대 한마디로 끊어 파란만장의 기구한 일생이었습니다. 과연 역사를 헤치고 나타나, 자기 몸소 역사를 짓고 또 역사 위에 숱한 교훈을 남기고 가신 조국근대의 상징적 존재로서의 박사께서는 이제 모든 영욕의 진세塵世 인연을 끊어버리고 영원한 고향으로 돌아가셨습니다. 그러나 생전의 일동일정—動—靜이 범인용부와 같지 아니하여, 실로 조국의 명암과 민족의 안위에 직접적으로 연결되었던 세기적 인물이었으므로 박사의 최후조차 우리들에게 주는 충격이 이같이 심대한 것임을 외면할 길이 없습니다.

일찍이 대한제국의 국운이 기울어가는 것을 보고 용감히 뛰쳐나와 조국의 개화와 반反제국주의 투쟁을 감행하던 날, 몸을 철쇄로 묶고 발길을 형극으로 가로막던 것은 오히려 선구자만이 누릴 수 있는 영광의 특전이었던 것입니다. 그리고 일제의 침략에 쫓겨 해외의 망명생활 30여 성상에 문자 그대로 혹은 바람을 씹고 이슬 위에 잠자면서 동분서주로 쉴 날이 없었고, 또 혹은 섶 위에 누워 쓸개를 씹으면서 조국광복을 맹서하고 원하던 것도 그 또한 혁명아만이 맛볼 수 있는 명예로운 향연이었던 것입니다.

그러나 마침내 70노구로 광복된 조국에 돌아와 그나마 분단된 국토 위에서 안으로는 사상의 혼란과 밖으로는 국제의 알력 속에서도 만난을 헤치고 새 나라를 세워 민족과 국가의 방향을 제시하여 민주한국독립사의 제1장을 장식한 것이야말로 오직 건국인만이 기록할 수 있는 불후의 금문자였던 것입니다. 이같이 박사께서는 선구자로, 혁명아로 건국인으로 다만 조국의 개화, 조국의 독립, 또 조국의 발전만을 위하여 온갖 노역을 즐거움으로 여겼고, 또 헌신의 성과를 스스로 거두었던 것입니다. 뿐만 아니라 평생 견지하신 민족정기에 입각하여 항일반공의 뚜렷한 정치노선을 신조로 부동자세를 취해 왔거니와, 그것은 어디까지나 박사의 국가적 경륜이었고 또 그중에서도 평화선의 설정, 반공포로의 석방 등은 세계를 놀라게 한 정치적 과단력의 역사적 발휘이었던 것입니다.

그러나 집권 12년의 종말에 이르러 이미 세상이 다 아는 이른바 정치적 과오로 인하여 살아서 역사의 심판을 받았던 그 쓰라린 기록이야말로 박사의 현명을 어지럽게 한 간신배들의 가증한 소치였을망정 구경에는 박사의 일생에 씻지 못할 오점이 되었던 것을 통탄해 마지 못하는 바입니다.

하지만 오늘 이 자리에서 다시 한 번 헤아려보면, 그것이 결코 박사의 민족을 위한 생애 중의 어느 일부분일망정 전체가 아닌 것이요, 또 외부적인 실정 책임으로서 박사의 내면적인 애국정신을 말살하지는 못할 것이라 생각하며, 또 일찍이 말씀하신 「뭉치면 살고 흩어지면 죽는다」는 귀국제일성은 오늘도 오히려 이 나라 국민들에게 들려주시는 최후의 유언과 같이 받아들여 민족사활의 잠언을 삼으려는 것입니다.   (후략)

맺음말

■피와 땀과 눈물로 세운 경제대국■

우리나라가 세계 6위의 무역 대국으로 뛰어오를 수 있게 된 데에는 세 번의 큰 희생이 있었다. 독일 광부·간호사 파견, 월남 파병, 중동 건설이다.

박정희 정부는 경제개발 5개년 계획을 세웠지만 이를 수행할 자금이 없었다. 당시 유엔 103개 회원국 중에서 우리나라는 102번째로 못 사는 나라였다. 이런 나라에 자금을 빌려줄 국가가 어디에 있었겠는가. 고육책으로 독일에 광부와 간호사를 파견하고 그 월급을 담보로 차관을 들여왔다. 눈물 나는 시절의 이야기다. 그들을 격려하러 독일을 방문한 박 대통령은 연설을 채 5분도 하지 못하고 모두 얼싸 안고 펑펑 울었다.

이어 파월 장병들의 피 값이요 목숨 값은 오늘날 한국 과학의 요람이 되었고(KIST〈한국과학기술연구원〉 설립 자금), 사막에 흘린 건설 노동자들의 피와 땀인 오일 달러가 산업화의 종자돈이 되었다.

202

청출어람靑出於藍!

공자를 유교의 창시자로 보고 성인으로 제사지내고 받드는 것도, 유학을 낡은 학문이라고 배척하는 것도 모두 어리석은 일이다. 공자를 만고사표로 공경하고 유학을 시대를 관통해온 수신제가치국의 으뜸 가르침으로 알고 이를 배워 온고지신하여 공자를 넘어야 나라가 살아날 것이다! 이 사상 말고 우리 백성의 품격과 우리 사회의 위상을 고양시켜 대한민국을 명실공히 선진국으로 도약하게 할 만한 우리에게 꼭 맞는 더 좋은 통치사상은 없다!

'人無遠慮 必有近憂' 논어 위령공편에 나오는 말이다. 안중근 의사가 여순 감옥에서 남긴 휘호 중 하나다. 사람이 멀리 보고 염려하지 않으면 반드시 근심이 가까이 온다는 뜻인데 안중근 의사가 죽음 앞에서까지 염려하라고 하신 것은 무엇일까? 중국과 일본의 위협을 늘 염려하고 대비하라는 당부의 말씀이 아닌가.

특히 중국! 지금도 14개 나라와 국경을 마주하는 나라 중국, 저들의 영토는 남북한 합친 땅의 약 44배에 달한다. 그런데도 영토 확장의 야욕을 버리지 못하고 호시탐탐 한반도를 노리고 있다.

以夷制夷
오랑캐를 오랑캐로써 제압하자!

오래전부터 중국의 안보전략은 이이제이以夷制夷, 오랑캐를 오랑캐로 제압하자였다. 어쩌면 오늘날 우리가 북한과 다투는 것도 그들의 이이제이 전략 즉, 북한이라는 오랑캐와 남한이라는 오랑캐로 서로 싸우게 해서 득을 보고자 하는 음흉한 저들의 전략에 빠진 것은 아닐는지.

以華制中
중국의 문화로 중국을 제압하자!

중국의 이이제이 전략에 맞서기 위해 강의 주제로 자작自作한 사자성어이다. 거리를 지나다 보면 음식점 간판에서 심심치 않게 보는 글자가 '원조元祖'인데 문화나 사상의 원조를 따지는 것은 사실은 부질없는 짓이다. 요즘 같은 융복합 또는 퓨전fusion 시대에 문화나 사상의 창시자나 발상지는 더 이상 중요하지 않다. 누가 더 잘 발전시켜 활용하느냐가 중요할 뿐이다. 따라서 우리가 공자의 유학이 중국의 사상이라며 배척한다거나 손자병법을 중국의 병서兵書라 해서 배우길 거부한다면? 우리만 손해다.

우리는 중국 사람을 떼놈이라 비하하고 일본 사람을 왜놈이라 얕잡아보는 지구상에 하나밖에 없는 대단한(?) 민족이다. 설사 우리의 국력과 우리의 문화가 그들을 비하하고 얕잡아 볼만해도 결코 옳지 않은 태도인데, 그렇지도 못하면서 이러면 세계가 이를 우리의 열등의식으로 치부하고 우리만 비웃게 될 것이다.

<한미 동맹 위에 세워진 대한민국의 경제>

이재용 삼성전자 부회장이 6개월 만에 글로벌 현장 경영을 재개한다. 유력하게 점쳐지는 출장지는 글로벌 반도체 장비 업체 ASML이다.

-기사 옮김-

대한민국 제일 기업은 삼성이며, 삼성의 주력 상품은 반도체이다. 수출에서 반도체가 차지하는 비중은 2021년 말 현재 19.7%로 (총 수출 6400억 달러 중 반도체 1150억 달러) 2위인 석유화학의 두 배가 넘는다. 같은 해 북한의 수출은 우리의 1/1000이 조금 넘는 수준으로 고작 7억1300만 달러에 불과했다. 남한이 1970년에 이미 수출 10억 달러를 달성한 것과 비교하면 어이가 없다. 그렇다면 남북한이 왜 이렇게 엄청난 차이가 났을까? 가장 큰 이유는 미국에 있다. 미국이 무역의 자유를 동맹국인 남한에게만 보장해 줬기 때문이다.

최근 바이든 정부는 ASML에게 압력을 넣어서 첨단 노광장비의 중국 판매를 못하게 함으로써 중국의 반도체 굴기를 무력화 시키고 있다. 미국이 압력을 넣을 수 있는 이유는 최첨단 노광장비의 핵심 기술에 관련된 특허를 상당부분 미국이 갖고 있기 때문이다.

세계 제일의 강국 미국은 한국을 과연 어떻게 보고 있을까? 세계 10대 경제 대국으로 보고 있을까? 미국이 만약 우리나라와 척지고 일본이나 중국을 압박하듯이 적대적으로 압박을 가한다면 저들은 과연 어떻게 나올까. 간단할 것이다. 삼성을 제제하면 되고 삼성 반도체를 손보면 된다. 삼성 반도체를 무너뜨리는 것? ASML에 압력을 넣어 최첨단 노광장비를 못 팔게 하면 우리는 속수무책! 반미? 통일을 빙자해서 자유민주주의 대한민국의 경제를 무너뜨리고 전복시키려는 붉은 무리들의 선동임을 알아야 한다!

반일反日보다는 극일克日! 반중反中보다는 제중制中! 반미反美보다는 맹미盟美가 필요한 때! 이제는 소모적인 갈등을 멈추고 미래를 바라보며, 서로 존중하며 서로 배우며 서로 사이좋게 지내는 것이 더 슬기로울 것이다.

언제까지 친일파 타령이나 할 것인가? 논어의 철학을 근본으로 하여 기업을 세우고, 일본을 배워 일본을 넘은 삼성과 현대를 칭찬하고 본받아야 한다. 삼성의 창업자 이병철님과 현대의 창업자 정주영님! 이분들의 근면 성실함과 능력을 알아보고 믿고 맡기고 지원을 아끼지 않았던 박정희 전 대통령! 이에 앞서 이분들이 자유롭게 기업을 일굴 수 있도록 공산당 무리들의 획책을 기어코 막아내고 자유민주주의 시장경제체제를 안착시키신 건국 대통령 이승만님! 이분들 모두는 세계가 부러워하는 한강의 기적이라는 역사를 선도한 주역들이시며 대한민국의 참 영웅들이다. 우리는 이분들에게 빚진 후손들이다.

<대한민국의 정체성>

대한민국 건국일을 며칠로 알려줘야 할까요?

아이가 궁금해하는데.

1919년 4월 13일? 1948년 8월 15일?

댓글#1. 1919년은 임시정부, 1948년이다

댓글#2. 1919년 임시정부 수립일이 맞다

－인터넷에서 옮김－

대한민국의 건국일은 언제인가? 1948년8월15일이다. 대한민국을 세운 국부는 누구인가? 이승만 대통령이다. 건국일? 나라가 세워진 날이다. 1919년에 임시정부는 수립되었으나 우리나라는 패망하고 없었다. 국가의 3요소인 백성도 영토도 주권도 없었는데 어찌 임시정부 수립일이 건국일이 될 수 있단 말인가. 지나가던 소가 웃을 일이다. 이렇게 터무니없이 건국일을 날조하고자 하는 이유는 이승만 초대 대통령을 국부로 인정하지 않기 위함이다. 역사를 날조하면서까지 이승만 건국 대통령을 부정하고 폄하하는 저의는 이분이 철저한 반공주의자였기 때문이다.

이승만 때문에 김일성의 적화 야욕이 무산되었기 때문이다!

이승만 박정희 대통령을 언제까지 이대로 둘 것인가? 등소평의 현명함과 관대함을 우리도 배워야 한다. 이 두 분 대통령의 잘못을 과도하게 써서 먹칠하면 안 될 것이다. 우리도 건국 대통령으로 이승만 전 대통령을, 민족중흥의 대통령으로 박정희 전 대통령을 바로 세우고, 세계 현대사에서 그 유래를 찾아보기 힘든, 공산주의에 맞서 당당히 지켜낸 나라 대한민국의 금자탑을 드높이 세우고, 이를 후손에게 길이길이 알려 긍지를 갖게 함이 마땅할 것이다. 소련의 공산화에 힘없이 넘어갔던 동유럽 국가들을 상기해 보기 바란다.

■ 등소평의 <모택동 동지의 역사적 지위와 모택동 사상> 발췌문 ■

모택동은 만년에 사상이 그렇게 일관되지 못했던 것은 사실이다. 어떤 말들은 서로 모순되기도 하였다. 예를 들어 문화대혁명을 평가하면서 말하길 30%의 잘못이 있고 70%의 성과가 있는데 30%의 잘못이 있으면 바로 "타도일체打倒一切, 전면내전全面內戰" 하여야 한다고 하였다. 이 여덟 자와 70%의 성공을 어떻게 연계시킬 수 있겠는가.

모택동의 잘못을 포함해 발생하였던 모든 잘못에 대하여 어떤 모호함도 없이 비평해야 마땅하다. 그러나 필히 실사구시 하여야 한다. 여러 가지의 상황을 분석하여야 한다. 모든 문제를 개인의 자질로 귀결시킬 수는 없다.

모택동은 고립된 개인이 아니다. 그는 죽을 때까지 변함없이 우리 공산당의 영수였다. 모택동의 잘못에 대하여 과도하게 써서는 안 된다. 과도하게 써서 모택동에게 먹칠한다면 우리 공산당, 우리 국가에 먹칠하는 것과 다름없다. 이것은 역사 사실을 위반하는 것이다.

    부모를 욕하는 자식은 후레자식이다, 역사의 밝은 면은 외면한 채, 어두운 면만 집요하게 들춰서 제 나라 역사를 부끄럽게 만드는 짓거리는 적폐의 도를 넘어 이적이요 망국적인 소행이다! 이런 자들은 자유민주주의 대한민국에 살 자격이 없는 자들이다. 북한으로 다 보내야 한다! 왜 우리에게는 이런 자들을 호되게 꾸짖는 등소평 같은 어른이 없는가?

    이승만 건국 대통령이 누구신가? 20대 청년 시절에 '왕조 타도 민주국가 수립'을 주창하다가 사형수로 수감되어 모진 고문을 당하던 중에 개신교에 입교하신 분이다. 콜레라로 같은 감방 죄수들이 거의다 죽었는데도 홀로 기적 같이 살아서 사면 받아 출옥한 후(5년7개월 수감) 도미渡美하여, 선교사들의 도움으로 미국의 명문대학(조지워싱턴·하버드·프린스턴 대학)을 단 5년 4개월 만에 이수하는 진기록을 남기며 박사가 된 분이고, 일본에 대한 미국 정계의 무지함을 당당히 꾸짖고 그들의 미국 침공을 예언한 책(일본 내막기)으로 대한민국 최초로 세계적인 베스트셀러 작가가 되신 분이다.

    30대 청년 시절부터 70세 노인이 될 때까지 40성상을 오로지 조국광복에 헌신하시되 일제 병탄의 책임이 미국 정부에 있음을 밝혀서 당당히 꾸짖고 또 설득하여 마침내 그들의 힘을 빌려 잃었던 나라를 되찾았고, 나아가 자유민주주의 대한민국을 건국하셨으며, 탁월한 외교로 공산 침략을 막아 내셨고, 교육입국敎育立國을 주창하시고 해외 유학 등을 통해 많은 인재들을 키워내서 후일 박정희 정부에서 조국 근대화의 주역으로 쓸 수 있게 하셨는데 그 대표적인 인물 중 한 분이 바로 김재관 박사이다. 포항제철 하면 박태준 씨 조선소 하면 정주영 씨를 떠올리지만 실제로 이 두 사업을 계획하고 추진한 최고의 공로자는 김재관 박사다.

<대한민국 중공업의 아버지 김재관 박사>

(이 대통령이 키우고 박 대통령이 쓴 인재)

▶약력

• 1956년 독일정부 장학생으로 독일 뮌헨대 유학

  박사 학위 취득, 독일 데마크 철강 기획실 근무

• 1964년 박 대통령 방독 시 종합 제철소 건립 건의

• 1967년 제1호 해외 유치 과학자로 귀국 KIST 제1연구부장 부임

• 1969년 7월 박 대통령께 한국철강공업개발에 관한 연구보고서 제출

• 1969년 11월 포항제철 건립을 위한 한일협의에 참가하여 일본 측 설득

• 1973년 상공부 중공업 차관보 부임

  박정희 대통령이 <상공부 중공업 차관보실>을 신설, 차관보로 임명

  4대 핵심 중공업 육성 방안 계획 및 추진 (주물선, 특수강, 중기계, 조선)

• 1975년 '한국표준과학연구소(KRISS)' 의 설립/ 소장 취임

▶업적

- 포항제철소 기획/설계/자금 확보 및 추진

  일본 측의 방해를 조리 있게 설득, 최첨단 일관제철소로 설치토록 함
- 한국의 조선 공업 육성

  상급자들이나 동료들이 시기 상조라고 완강히 반대한 조선造船사업

  강행
- 현대자동차 포니 개발에 산파 역할

  조립 생산에 그쳤던 현대로 하여금 독자 모델 개발 체제로 전환시킴
- 한국표준과학연구소(KRISS)의 설립

어디 그뿐인가? 평화선을 동해에 긋고 독도를 우리 땅이라고 선언하셨고, 농민의 70%가 넘었던 가난한 소작농들에게 논밭의 주인이 되게 하셨으며, 자식도 없으신 분이 후손들의 안녕까지 원려遠慮하사 한미 동맹으로 이를 굳건히 하신 초대 대통령 이승만님! 총기가 흐려지고도 남을 80이 넘은 고령에 잘못 임용한 간사한 무리들 탓에 스스로 책임을 지시고 하야下野 하셨고, 은혜를 망각한 자들에게 떠밀려서 먼 나라로 망명하셨다가, 끝내 돌아오지 못하고 이국땅에서 쓸쓸히 생을 마감하셨으니 참으로 되돌려서 바로잡고 싶은 역사이다. 만약 모택동이 이 나라에서 태어났었더라면 과연 그의 무덤인들 지금까지 온전했을까?

〈오일 달러〉

1975년 여름 어느 날, 박 대통령이 현대건설 정주영 사장을 청와대로 급히 불렀다. "정 사장, 달러를 벌어들일 좋은 기회가 왔는데 일을 못 하겠다는 작자들이 있어요. 지금 당장 중동에 좀 다녀오십시오. 만약 정 사장도 안 된다고 하면 나도 포기하지요." 그 말을 듣고 정주영 회장이 물었습니다. "각하, 무슨 얘기입니까" "1973년도 석유 파동으로 지금 중동 국가들은 달러를 주체하지 못하여, 그 돈으로 여러 가지 사회 인프라를 건설하고 싶은데 너무 더운 나라이기에 선뜻 일하러 가는 나라가 없는 모양입니다. 이러다 보니 우리나라에 일할 의사를 타진해와 관리들을 보내 현장 조사를 시켰더니 2주 만에 돌아와서 하는 이야기가 이럽디다."

- 금주에다 오락거리 하나 없는 건설 현장은 주색 좋아하는 인부들의 유배지요,
- 50도가 넘는 더위로 낮에는 일을 할 수 없으며,
- 비가 거의 내리지 않아 건설 공사에 절대적으로 필요한 물 조달이 어렵고,
- 사막지대라서 모래 바람이 너무 강해서 작업하기가 힘들어 공사를 할 수 없다.

"그래요? 그러면 제가 당장 그곳에 다녀오겠습니다." 그리고 정주영 사장은 5일 만에 돌아와 박 대통령을 다시 만났다. "지성이면

감천이라더니 하늘이 우리나라를 돕는 것 같습니다. 중동은 이 세상에서 건설 공사를 하기에 가장 좋은 지역입니다. 중동은 1년 열두 달 비가 오지 않으니 1년 내내 공사를 할 수 있고요, 건설에 필요한 모래와 자갈이 지천에 널려 있으니 자재 조달이 쉽고요, 물은 유조선에 기름을 싣고 왔다가 비우고 갈 때 물을 가득 채워 가면 됩니다. 50도 되는 낮에는 천막을 치고 자고 밤에 일하면 됩니다. 금주와 금녀? 술과 여자가 없으니 작업하는 인부들이 돈 쓸 일이 없어 전액을 집으로 송금할 수 있으니 더 좋지 않습니까." 정주영 회장의 이 말을 듣던 대통령은 바로 부저를 눌러 비서실장을 불렀다. "임자, 현대 건설이 중동에 나가는데 정부가 지원할 수 있는 것은 모두 도와줘!"

다음은 박정희 대통령! 남다른 비전과 투철한 신념, 청렴한 기백과 탁월한 용인술로 5천 년 역사에서 그 누구도 해내지 못한 가난 극복의 위업을 달성하여 보릿고개의 한恨을 풀어 준 분! 새마을 운동으로 낙심하던 농민들의 흥興을 돋아 준 분! 반상회 등을 통해 이웃 간에 정情이 들게 해준 분! 조국 근대화는 물론이요 자주국방의 초석까지 든든히 닦아놓으신 분! 세계의 석학들과 지도자들이 이구동성으로 칭송하는 대통령이시지만, 멸사봉공의 그 커다란 공적은 가리고 과오만 들춰서 확대 왜곡 폄하하는 붉은 무리들과, 김일성 삼대 독재자들에게는 침묵하는 정체불명의 일부 운동권 무리들에 의해 이제껏 억울하게 독재자의 오명을 쓰고 계신다.

바라기는 하루라도 빨리 이 두 분 대통령의 공적을 기리는 기념관을 이분들의 위상과 대한민국의 국격에 맞는 수준으로 건축하고, 8.15 광복절과 6.25 상기想起 행사를 매년 이곳에서 거행함으로써 이분들의 업적을 기리는 한편, 그 탁월한 지혜와 웅지雄志를 가르치는 아울러 반공정신을 함양하는 산 교육의 현장으로 삼기를 촉구한다.

바야흐로 자랑스러운 우리 대한민국의 역사를 바로 세워야 할 때!

세습 독재자 아닌 국민이 주인인 자유민주주의 나라 대한민국!
스탈린의 괴뢰 김일성의 남침을 젊은 피로 막은 나라 대한민국!
생산수단이 국가 아닌 개인 소유인 시장경제의 나라 대한민국!
자기들만 아는 노동자가 아닌 건실한 근로자의 나라 대한민국!
종교가 아편이 아닌 종교가 자유롭게 보장되는 나라 대한민국!
선진국 되어 전 세계가 부러워하는 자랑스러운 나라 대한민국!

이 자랑스러운 나라를 더욱 빛나게 할 '궤도를 아는 군자'
이 나라 백성들을 흥興이 나게 하고
이 나라 백성들을 정情이 들게 하고
이 나라 백성들의 한限을 풀어 주는
관맹상제寬猛相濟의 리더
이런 대통령들이 대한민국에 길이길이 나오기를 소망한다.

공자를 배워서 넘고 손자를 배워서 넘은

하늘을 두려워하는 운 좋은 대통령이 시인발정施仁發政하여

효로써 화목한 가정을 세우고 예로써 건전한 사회를 이루니

진정한 선진국이 되도다.

아! 하나님이 보우하사 우리나라 만세!

-끝-

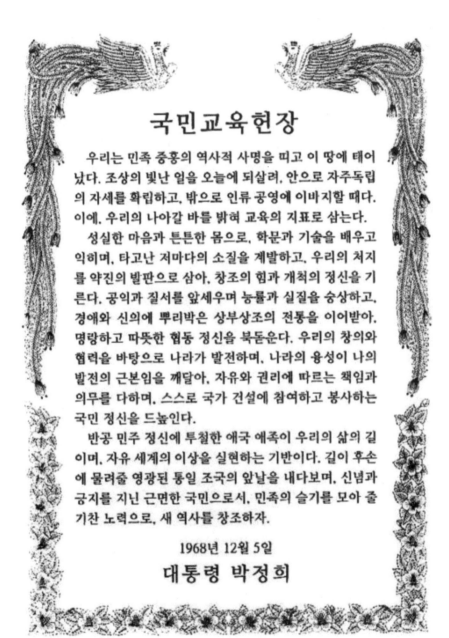

국민교육헌장

우리는 민족 중흥의 역사적 사명을 띠고 이 땅에 태어났다. 조상의 빛난 얼을 오늘에 되살려, 안으로 자주독립의 자세를 확립하고, 밖으로 인류 공영에 이바지할 때다. 이에, 우리의 나아갈 바를 밝혀 교육의 지표로 삼는다.

성실한 마음과 튼튼한 몸으로, 학문과 기술을 배우고 익히며, 타고난 저마다의 소질을 계발하고, 우리의 처지를 약진의 발판으로 삼아, 창조의 힘과 개척의 정신을 기른다. 공익과 질서를 앞세우며 능률과 실질을 숭상하고, 경애와 신의에 뿌리박은 상부상조의 전통을 이어받아, 명랑하고 따뜻한 협동 정신을 북돋운다. 우리의 창의와 협력을 바탕으로 나라가 발전하며, 나라의 융성이 나의 발전의 근본임을 깨달아, 자유와 권리에 따르는 책임과 의무를 다하며, 스스로 국가 건설에 참여하고 봉사하는 국민 정신을 드높인다.

반공 민주 정신에 투철한 애국 애족이 우리의 삶의 길이며, 자유 세계의 이상을 실현하는 기반이다. 길이 후손에 물려줄 영광된 통일 조국의 앞날을 내다보며, 신념과 긍지를 지닌 근면한 국민으로서, 민족의 슬기를 모아 줄기찬 노력으로, 새 역사를 창조하자.

1968년 12월 5일

대통령 박정희

후기

    책을 낼만한 주제가 못 되서 꿈도 꿔보지 못한 저에게 주님은 세 권의 책을 발간하게 해 주셨습니다. 환갑 즈음에 자녀교육서《자식농사 천하대본》을 시작으로 해서, 딸의 외손녀 출산에 맞춰 신앙서적《빛과 다이아몬드》를, 그리고 이제 칠순에 리더십 관련《운 좋은 대통령을 뽑자》를 쓰게 하셨습니다. 특별히 이번 책은 지난해 10월 중순경부터 꼬박 한 달을 새벽에 강권적으로 깨우셔서 쓰게 하셨습니다.

    이번 책의 발간은 보령시 김동일 시장(3연임)께서 지난 2019년 5월 제 157회 만세보령 아카데미에 자격 미달인 저를 강사로 초청해 주신 것이 계기가 되었습니다. 존경하는 김 시장님과 시장님께 저를 소개해 준 47년 만에 찾은 초교 동창, 의리의 축구 선수 황경복 전 보령시의원께 먼저 진심으로 감사를 드립니다.

"내용은 참 좋은데 안 팔려요."하면서도 세 권 모두를 흔쾌히 발간해 주신 행복에너지 권선복 대표님께도 감사드립니다. 이번에는 특별히 베테랑 디자이너 최새롬 님께 맡겨 주신 덕에 멋진 표지와 내지 디자인이 완성되어 매우 기뻤답니다.

아울러 바쁘신 중에도 몸소 졸고를 다 읽어 보시고 세세히 진언해 주시고 추천까지 해 주신 질문과 겸손의 달인 한민구 전 국방부장관님, 과분한 칭찬과 격려를 아끼지 않았던 극기의 달인 김현우 장군님, 투박한 모습이 정주영 님 꼭 닮은 전 기아자동차 이삼웅 사장님, 꼼꼼히 교정해 준 초교동창 김호근 님, 제가 좋아하는 원희룡 장관의 절친 30년 지기 전근룡 교수께 특별히 감사를 드립니다.

또한 지난 8년 동안 신앙적 성숙에 큰 도움을 주신 존경하는 의림교회 김명헌 담임목사님과 원고 초안부터 읽어 보시고 용기를 북돋아 주신 전기원 장로님과 박희갑 선배님께도 각별한 감사를 드립니다. 물론 새벽기도로 내조한 조강지처요 기도의 어머니요 기도의 할머니인 조인선 성도님과 아들 상훈과 며느리 전주연 손녀 채린, 사랑하는 딸 사영과 사위 염창민 손자 지후 서후 손녀 연후, 여동생 채미희 미숙에게도 고맙습니다.

문득 컴퓨터 하단에 있는 시계를 보니 오전 4시15분이네요. 오늘도 이 잠꾸러기를 새벽에 깨워주신 우리 주 예수 그리스도께 감사와 영광을 돌립니다. 제발 이제부터는 원래대로 잠 푹 자게 해 주세요! 할렐루야!

천명(天命)을 아는 사람이
운 좋은 사람이며 나라의 지도자이다

권선복
도서출판 행복에너지 대표이사

　한반도는 오래전부터 지정학적인 특수성으로 인해 주변 강대국들의 침입에 시달려야만 했습니다. 지금도 북한과 휴전상태를 유지하고 있으며, 중국, 일본, 미국, 러시아 등 전통적 강대국의 국력 대결 사이에서 아슬아슬하게 줄타기를 하고 있는 상황이기도 합니다. 그렇기 때문에 한반도는 전 세계적으로 '화약고'라고 부를 수 있는 지역에 해당된다고 보는 학자들도 있습니다. 한편 내부적으로는 국제 경제 불황, 코로나19 바이러스의 창궐 등으로 경제성장이 정체되고 양극화가 심해지면서 사회적 갈등이 격화되고 있는 것이 현재의 대한민국입니다. 이러한 안팎의 문제를 슬기롭게 헤쳐나가려면 국가의 방향성을 만들어 나가는 지도자의 선정이 무엇보다 중요하다고 할 수 있을 것입니다. 국민이 직접 지도자를 뽑을 수 있다는 것은 자유민주주의 사회의 가장 큰 강점 중 하나이기도 합니다.

하지만 어떤 지도자를 뽑는 것이 대한민국의 미래를 위한 길이 될까요? 이 책 『운 좋은 대통령을 뽑자』는 천명天命을 알고, 하늘의 순리를 따르는 사람을 대통령으로 뽑으면 '운'이 따르게 된다는 논지의 주장을 전개합니다. 그렇다면 하늘의 순리는 어떻게 알 수 있을까요? 동아시아의 큰 스승 '공자'의 사상 속에 하늘의 순리, 즉 지도자로서의 운(자질)을 가진 사람을 선별하는 방법이 모두 드러나 있다는 것이 이 책의 주장입니다. 저자는 공자의 『서경』, 『논어』에 드러난 가르침과 일화를 기반으로 하여 부모님께 효도하고, 하늘을 두려워하고, 남들과 두루 화목하며, 명철하면서도 겸손한 사람이야말로 지도자의 자질을 갖추고 있다고 이야기합니다. 여기에 더해 장자의 '목계지덕' 및 『손자병법』의 지략 등을 분석하고, 세종대왕, 이승만 전 대통령, 덩샤오핑 중국 전 주석 등 역사에 이름을 남긴 지도자들의 행적과 언사를 통해 지도자에게 어떤 자질과 지략이 필요한지를 세심하게 이야기하고 있습니다.

이 책을 통해 더 많은 분들이 동아시아 최고의 스승이었던 공자의 사상적 본질을 이해하고, 위기의 시대에 맞서 대한민국을 이끌어 갈 위대한 지도자를 뽑는 데에 일익을 담당할 수 있기를 희망합니다!